dtv

Berlin vor dem Mauerfall: Für das Tragen eines scharfen Küchenmessers kann man nach alliiertem Recht (theoretisch) mit dem Tode bestraft werden. Die Besetzer des in West-Berlin gelegenen, offiziell aber zu Ost-Berlin gehörigen Lenné-Dreiecks flüchten vor West-Berliner Polizisten über die Mauer in den Osten und werden von dort wohlbehalten wieder in den Westen eskortiert. Ost und West liefern sich über Jahre einen Lautsprecher-Krieg an der Mauer. Das Leben im Berlin vor 1989 hatte einige Besonderheiten zu bieten, die aus heutiger Sicht fast schon unglaublich erscheinen. Peter Pragal und Eckart D. Stratenschulte haben diese spannenden, tragischen, politisch hochbrisanten und im nachhinein oft ziemlich komischen Geschichten zusammengetragen und so erzählt, daß die Zeit zwischen Luftbrücke und Mauerfall wieder ganz lebendig erscheint.

Peter Pragal, geboren 1939 in Breslau. Studium der Publizistik und Politologie in Münster und München. 1966 Redaktionsmitglied der ›Süddeutschen Zeitung‹; 1974 bis 1979 DDR-Korrespondent in Ost-Berlin; 1979 Wechsel zum ›Stern‹. Korrespondent und Büroleiter in Bonn. Von 1984 bis 1990 erneut Korrespondent in Ost-Berlin. 1991 Wechsel zur ›Berliner Zeitung‹. Mitherausgeber des ›Stern‹-Buches ›40 Jahre DDR‹.

Eckart D. Stratenschulte, Jahrgang 1952, Diplomsoziologe und Dr. phil., ist Leiter der Europäischen Akademie in Berlin. Er lebt seit über zwanzig Jahren dort und hat zahlreiche Veröffentlichungen über Berlin vorgelegt, u. a. die ›Kleine Geschichte Berlins‹.

Peter Pragal
Eckart D. Stratenschulte

Der Monolog der Lautsprecher

und andere Geschichten
aus dem geteilten Berlin

Mit einem Vorwort von Klaus Schütz

Deutscher Taschenbuch Verlag

Von Eckart D. Stratenschulte ist im Deutschen Taschenbuch Verlag erschienen:

Kleine Geschichte Berlins (8383)

Originalausgabe
August 1999

Umschlagkonzept: Balk & Brumshagen
Umschlagfoto: West-Propaganda (© Landesbildstelle Berlin)
Gesetzt aus der Concorde 10/12˙
Gesamtherstellung: C. H. Beck'sche Buchdruckerei, Nördlingen
Gedruckt auf säurefreiem, chlorfrei gebleichtem Papier
Printed in Germany · ISBN 3-423-36149-2

Inhalt

Vorwort

Peter Pragal und Eckart D. Stratenschulte haben Einzelgeschichten über Berlin versammelt, sie erzählen von Bekannten und über Bekanntes. Jeder einzelne Bericht steht für sich und ist interessant in sich. Doch aus diesen Momentaufnahmen wird ein einheitliches Bild. Fast wie von selbst wird so aus Berliner Geschichten Berliner Geschichte.

Es wird davon berichtet, was einige Jahrzehnte lang Wirklichkeit war in Berlin und um Berlin. Hier geht es um West- und Ost-Berlin und seine Geschichte. Allerdings nicht als Geschichtsschreibung im traditionellen Sinn. Es werden keine blanken Fakten referiert über Blockade und Luftbrücke, über das Chruschtschow-Ultimatum und die Deutschlandpolitik, auch von Ernst Reuter, Willy Brandt, Konrad Adenauer und Lucius D. Clay ist nur am Rande die Rede. Es geht vielmehr um das, was auch damals nur selten Sensation war: um die sogenannten normalen Dinge und darum, wie es sich in einer außergewöhnlich anormalen Lage lebte.

Die Autoren erzählen von den Problemen der Abwässerbeseitigung, weil sich Schmutzwasser und Fäkalien nicht um Ost und West kümmern, sondern allein um das natürliche Gefälle im gesamten Kanalsystem. Von den Verfassungsrechten der Bürgerinnen und Bürger in einer Stadt, die ohne jede Einschränkung von Besatzungsmächten beherrscht wird. Auch von der Frage, wie ein kleiner Junge hätte gerettet werden können, ein Kind, das beim Spielen in die Spree gefallen ist, dort, wo der Wasserlauf unter Ost-Berliner Oberhoheit steht. Von Flugzeugentführern, die am Flughafen Tempelhof Asyl suchten und nach alliierter Rechtsprechung verurteilt wurden. Und von einem Mitglied des Deutschen Bundestages, das bis zum 13. August 1961 in Ost-Berlin wohnte. Und auch von der seltsamen Arbeitsatmosphäre in jenen Passierscheinstellen, in denen Ost-Berliner Beamte im Rahmen des Besuchsverkehrs der West-Berlinerinnen und West-Berliner in die DDR tätig waren.

Dieses Panorama macht deutlich, was damals das Leben in Berlin bestimmt hat. Und da ist die Frage schon berechtigt, was denn diese Geschichten über Berlin – zehn Jahre und mehr nach der Vereinigung der Stadt – abgesehen von ihrem anekdotenhaften Charakter heute noch vermitteln können. In einer Zeit, in der keine Grenzen – über und unter der Erde – mehr die Stadt teilen, in der das Bürgerrecht jedem uneingeschränkt zusteht, in der ein Begriff wie »Transit« ein europäisches Problem darstellt, aber nicht mehr auf einen Vorgang hinweist, der durch Willkür und Angst gekennzeichnet war; in einer Zeit, in der auch sonst vieles anders geworden ist.

Diese Geschichten erinnern daran, was einmal der Status quo war in und um West-Berlin. Und sie zeigen, daß die Legende von der positiven Ausnahmesituation falsch und unsinnig ist; sie illustrieren, wie falsch die Annahme war und ist, daß sich dieser Teil der Stadt 40 Jahre lang ganz normal entwickeln konnte. Diese Legende verdeckt die vielen dunklen Seiten der damaligen Lage, und sie schadet so auch einer wahrhaften Erinnerung.

Die Subventionen aus Bonn und Investitionen aus der deutschen Wirtschaft sind nämlich nicht gerade nach West-Berlin hineingesprudelt. West-Berlin war vielmehr eine Teilstadt, in der, obwohl manches andernorts Normale und vieles Selbstverständliche hier nicht galt, eine Lebensfähigkeit eigener Art möglich wurde. Die Bonner Politik hat dazu gewiß einen positiven Teil beigetragen, aber nicht mehr als notwendig und nicht so kooperativ, wie es heute oftmals den Anschein hat. Und über die Investitionen der deutschen Wirtschaft ist – bei allem Respekt vor den wenigen Ausnahmen – nur Weniges und selten Konstruktives zu berichten.

Berlin und seine Bürgerschaft gewinnen durch dieses Buch deutliche Konturen. Es wird erkennbar, mit welchen Problemen die Stadt, vor allem die Teilstadt West-Berlin, in jenen Jahren fertigwerden mußte. Jeder weiß, daß vieles unvollkommen geblieben ist angesichts der damaligen Lage. Doch egal, ob es allen – in Ost und auch in West – recht ist: Trotz allem war dieses West-Berlin nicht nur ein, sondern *der* Leuchtturm der Freiheit, und es war nicht ein, sondern *das* Fenster zur freien Welt. Und wer dabei war, der hat allen Grund, darauf auch heute noch stolz zu sein.

Klaus Schütz, 1967–1977 Regierender Bürgermeister von Berlin

Als die Stadt gespalten wurde

Die 81. Sitzung der Stadtverordneten-Versammlung von Groß-Berlin war für Montag, den 6. September 1948, anberaumt. Im Redaktionsbüro der Tageszeitung ›Der Sozialdemokrat‹, das sich in der Kurfürstenstraße im britischen Sektor befand, wartete der 20jährige Volontär Horst Vollrath auf einen Auftrag. »Komm mit Junge, da kannste was lernen«, forderte ihn ein älterer Kollege auf. Dann machten sie sich auf den Weg zur Parochialstraße im Bezirk Mitte.

Als sie am Tagungsort ankamen, war das Neue Stadthaus von Demonstranten umlagert. Einige hielten Schilder hoch: »Weg mit dem bankrotten Magistrat«, »Raus mit den Westmächten aus Berlin«, »Wir wollen nur eine Währung«. Vor dem Eingangsportal war ein Eisengitter heruntergelassen. Davor staute sich eine Menschenmasse. Junge Leute in FDJ-Kluft versuchten, sich gewaltsam Zugang zu erzwingen. Als die Gittersperre beseitigt war, wuchteten sie einen Tisch als Rammbock gegen die verschlossene Tür.

»Plötzlich ging das Tor auf, und die Leute stürmten ins Haus«, erinnert sich Horst Vollrath. Ordner mit weißen Armbinden stemmten sich den Eindringlingen entgegen. Sie wurden rücksichtslos beiseite geschoben. Auf den Treppen und Gängen kam es zu Rangeleien und Prügelszenen. Ein Fotoreporter wurde niedergeschlagen. Es herrschte ein echtes Tohuwabohu.

Die meisten der Demonstranten hasteten zur Zuhörertribüne. Andere drängten in den Sitzungssaal, um den Volksvertretern ihre Forderungen vorzutragen. Zentraler Appell: Das Stadtparlament möge das von der SED vorgelegte »Sofortprogramm zur Rettung Berlins« mit Vorrang beraten. Das hieß vor allem: »Herstellung der Einheit der Währung, der Verwaltung und der Versorgung der Stadt«.

»Es waren turbulente Tage und Wochen«, sagt Vollrath. Am 18. Juni hatten die Militärgouverneure der USA, Großbritanniens und Frankreichs die Einführung der D-Mark in ihren Besatzungszonen verkündet. Am 23. Juni, drei Tage nach der Ausgabe der ersten Scheine, zog die sowjetische Seite nach und verfügte für ihre Zone eine eigene Währung. Diese sollte auch in ganz Berlin gelten. Die westlichen Alliierten erklärten jedoch die Moskauer Anweisung in ihren Sektoren für null und nichtig und ordneten an, die D-Mark auch in West-Berlin als gesetzliches Zahlungsmittel zuzulassen.

Als Antwort auf die westliche Währungsreform sperrten die Sowjets zunächst die Transitstraßen für den Autoverkehr, dann den Personen- und Güterverkehr auf den Eisenbahnstrecken und schließlich den Frachtverkehr auf den Binnenwasserstraßen. Die Antwort des Westens auf diese Blockade war die Luftbrücke. Fast ein Jahr lang wurden die wichtigsten Güter zur Versorgung der Menschen in den Westsektoren durch pausenlosen Einsatz von Militärflugzeugen herangeschafft.

Währenddessen bekamen Stadtparlament und Stadtregierung, deren starker Mann der als Oberbürgermeister gewählte, aber von den Sowjets nicht akzeptierte SPD-Politiker Ernst Reuter war, immer häufiger den Druck der Straße zu spüren. Ohne Respekt vor parlamentarischen Regeln drangen »Delegationen« von Werktätigen in Sitzungen ein, beschimpften Mandatsträger nicht-kommunistischer Parteien und demonstrierten, was sie unter revolutionärer Gewalt verstanden.

Die Bedrängten konnten auf den Beistand der Polizei nicht zählen. Ihr im Osten residierender Präsident Paul

Markgraf folgte nur noch den Anweisungen der Sowjets und ließ die Demonstranten gewähren. Dafür wurde er zwar vom amtierenden Bürgermeister Ferdinand Friedensburg suspendiert – Beihilfe zum Hausfriedensbruch, lautete die Begründung –, aber die Amtsenthebung und die damit verbundene Ernennung von Johannes Stumm aus West-Berlin zum kommissarischen Polizeichef wurde von den Russen nicht akzeptiert. Damit waren die Ordnungskräfte praktisch gespalten.

Die meisten der Stadtverordneten wußten also, was sie am 6. September erwartete. Allen voran ihr Vorsteher Otto Suhr. Nachdem seine Bitte, zum Schutz der Versammlung eine Bannmeile um das Stadthaus zu ziehen, vom sowjetischen Stadtkommandanten abgelehnt worden war, sah er für einen friedlichen, ordnungsgemäßen Ablauf keine Chance. Vorsorglich ließ er in West-Berlin nach einem Ausweichort für die Sitzung suchen.

Auf der Zuhörertribüne warteten derweil die Parlamentsbesetzer auf die Eröffnung. Die meisten Plätze im Plenum blieben leer. Nur die Mitglieder der SED-Fraktion saßen auf ihren Klappstühlen. Die Abgeordneten von SPD, CDU und LDP waren gar nicht erst gekommen oder warteten in ihren Büros. »Die werden wir schon rausholen aus ihren Zimmern«, schrie jemand von oben herab. Zwei RIAS-Reporter schilderten, was sie sahen und hörten. Dann brach der Kontakt ins Funkhaus ab. Jemand hatte die Mikrophonkabel durchgeschnitten.

»Es gab dann noch ein paar Reden«, berichtet Vollrath. Der stellvertretende Parlamentspräsident gab bekannt, Otto Suhr habe ihm mitgeteilt, die Sitzung sei vertagt. Ein anderer SED-Mann beschimpfte den Magistrat als unfähig. Er müsse unter Druck gesetzt werden, damit er wieder für das Volk arbeite. »Dann sind die meisten wieder abgezogen.« Einige Demonstranten stimmten die ›Internationale‹ an: »Völker, hört die Signale, auf zum letzten Gefecht.«

»Beim Hinausgehen traf ich Paul Fleischmann, SPD-Stadtrat für Arbeit und Sozialfragen«, erzählt der Journalist. Auch dem war es zu brenzlig geworden. »Der Fleischmann sagte zu mir: Junge, kommt, bloß weg von hier. Ich habe ein Auto um die Ecke stehen. Damit sind wir dann durch die Ruinengrundstücke nach West-Berlin gefahren.«

Neuer Treffpunkt der verjagten Stadtverordneten war die »Taberna academica«, das Studentenhaus der Technischen Universität am Charlottenburger Steinplatz. Sieben Stunden, nachdem FDJ-Trupps und SED-Aktivisten das Stadthaus gestürmt hatten, meldete sich Otto Suhr wieder zu Wort: »Wer ein Parlament unter Druck setzt, verletzt die Grundgesetze der Demokratie und stellt sich außerhalb jeder demokratischen Ordnung.«

Diesmal waren es die SED-Genossen, die nicht erschienen. Trotzdem stand jemand auf, um gegen die Verlegung zu protestieren. Der Rechtsanwalt und CDU-Abgeordnete Helmut Brandt gab zu Protokoll, er sehe keine zwingenden Gründe für den vollzogenen Ortswechsel. »Es besteht keine Legitimation, daß die Sitzung hier stattfindet.« Dann verließ er unter dem Hohngelächter seiner Kollegen den Saal, der bis zum Umzug ins Schöneberger Rathaus provisorischer Parlamentssitz bleiben sollte.

Während die West-Berliner Blätter am nächsten Tag den »kommunistischen Putschversuch« geißelten und das Ausweichen in den britischen Sektor guthießen, wetterten die Ost-Medien gegen die »Spalter«. »Aus Angst vor dem werktätigen Berlin hatten sie den rechtmäßigen Tagungsort verlassen und sich unter die Fittiche ihrer imperialistischen Auftraggeber begeben.«

Für einige der Beteiligten im Stadthaus war die Bedrängnis am Abend des 6. September noch nicht zu Ende. Ein Teil der zum Schutz der Abgeordneten eingesetzten Ordner hatte sich nach dem Handgemenge mit den kommunistischen Demonstranten in die Diensträume der westalliierten Verbindungsoffiziere geflüchtet. Vor den Zimmern lauerten Polizisten der Markgraf-Truppe in Zivil. Als sie vom amtierenden Bürgermeister Friedensburg aufgefordert wurden, sich zu entfernen, erklärten sie ungerührt: »Wir bleiben hier.«

Draußen riegelten Sowjet-Soldaten den Sitz von Parlament und Stadtregierung ab. Das Stadthaus glich einer belagerten Festung. Eine russische Abordnung übermittelte die Aufforderung, die westlichen Offiziere mögen das Haus verlassen, »damit die Überprüfung der Personalpapiere der noch vorhandenen Zivilisten schneller vonstatten geht«. Eine Zusicherung, den Ordnern werde nichts passieren, erwies sich als Finte. 17 von ihnen wurden in der Nacht festgenommen und in Handschellen abgeführt.

»Es sind auch zwei Kollegen verhaftet worden«, sagt Horst Vollrath. Einer vom ›Tagesspiegel‹ und ein anderer Volontär vom ›Sozialdemokrat‹. Der ältere wurde verurteilt und kam nach Sibirien. »Er ist erst Anfang der 50er Jahre zurückgekehrt. Krank, sehr krank. Und er hat auch nicht mehr lange gelebt.«

Im Jahr darauf geriet auch Vollrath in die Fänge der östlichen Justiz. Beim Besuch seiner Mutter im Ostteil wurde er verhaftet. Ein sowjetisches Militärtribunal in Potsdam verurteilte ihn wegen Spionage und antikommunistischer Propaganda zu zweimal 25 Jahren Freiheitsstrafe. Erst 1957 ist er zurückgekehrt. Er arbeitete in der Nachrichtenredaktion des SFB, wirkte im zeitgeschichtlichen Archiv der Landesbildstelle, fungierte als Sprecher des Berliner SPD-Vorsitzenden Kurt Mattick und leitete von 1970 bis 1991 das Referat für pressepolitische Aufgaben des Innerdeutschen Ministeriums beim Bevollmächtigten der Bundesregierung in Berlin.

Während seiner Haft in Bautzen hatte Vollrath eine aufschlußreiche Begegnung. »Wie das Leben so spielt. Im Haftkrankenhaus traf ich eines Tages Dr. Brandt, den CDU-Abgeordneten, der sich im Konflikt um das Stadt-Parlament auf die östliche Seite geschlagen hatte. Der hatte zunächst Karriere gemacht. War bis zum Staatssekretär im neugegründeten DDR-Außenamt aufgestiegen.« Aber dann war sein Chef, der Minister Georg Dertinger, in Ungnade gefallen und eingesperrt worden. Und Brandt mit ihm.

»Ich sprach ihn auf die Vorgänge im Stadthaus an«, erzählt Vollrath, »und wir haben uns eine Weile darüber unterhalten. Nachträglich tat ihm alles furchtbar leid. Er fühlte sich politisch mißbraucht und betrogen.«

pp

MdB (Ost)

»Deutsche Volkspolizei, die Personaldokumente bitte!« Diese Aufforderung war Kurt Neubauer gut vertraut. Er hörte sie regelmäßig, wenn er aus seinem Wohnbezirk Friedrichshain nach Kreuzberg kam. Das war ein Weg von Ost- nach West-Berlin, der vor dem Mauerbau noch offen war und den er fast täglich ging. Wenngleich es für Ost-Berlin bereits seit 1948 eine eigene Verwaltung, ein eigenes politisches System und anderes Geld gab, konnte man sich zwischen Ost- und West-Berlin noch weitestgehend frei bewegen. Allerdings wurde man an den innerstädtischen Grenzen oftmals schon von der Ost-Berliner Volkspolizei einer Ausweis- und gegebenenfalls auch Taschenkontrolle unterzogen.

Obwohl Neubauer diese Prozedur schon oft erlebt hatte, zögerte er jedesmal eine Sekunde. Sollte er jetzt in die linke Jackentasche greifen oder in die rechte? In der einen steckte ein Personalausweis der DDR, in der anderen ein Dokument, das ihn als Mitglied des Deutschen Bundestages, des Parlaments der Bundesrepublik Deutschland, auswies.

Es war der Bundestagsausweis, den Neubauer den kontrollierenden Volkspolizisten meistens vorwies. Nicht nur einmal stürzte er sie damit in Ratlosigkeit und mußte warten, bis sie sich von oberen Instanzen telefonische Weisung geholt hatten. Dann durfte er passieren.

Von 1952 bis 1963 saß der Ost-Berliner als Abgeordneter im Deutschen Bundestag. »Das haben damals auch viele Parlamentskollegen nicht begriffen«, erinnert er sich. »Für die war ich ein Exot. Auch heute muß man das noch führenden Parteifreunden erklären.«

Kurt Neubauer war und ist Sozialdemokrat. Bis zum Mauerbau gab es die SPD in ganz Berlin. Zwar hatten die Sowjets im Ostteil der Stadt die Sozialistische Einheitspartei Deutschlands (SED) als Verschmelzung der Sozialdemokratischen Partei und der Kommunistischen Partei erzwungen, auf Druck der Westalliierten mußten sie jedoch die SPD parallel auch zulassen. Dafür durfte die SED in West-Berlin aktiv werden, wo sie allerdings politisch nie ein Bein auf die Erde bekam. So gab es in West-Berlin die SED (später: SEW, Sozialistische Einheitspartei Westberlins) und in Ost-Berlin auch wieder die SPD. Trotz der Unterscheidung in Ost und West war die SPD in ganz Berlin eine einheitliche Partei, die aus verschiedenen Kreisverbänden bestand.

Als Kurt Neubauer 1946 aus der Kriegsgefangenschaft zurückkehrte, begann er in der SPD mitzuarbeiten. Er wurde hauptamtlicher Jugendsekretär der Ost-Berliner Kreisverbände der SPD, 1947 wurde er – ebenfalls hauptamtlicher – Kreisvorsitzender seiner Partei im alten Ost-Berliner Arbeiterbezirk Friedrichshain. Neubauer übernahm zusätzlich die Funktionen des Sprechers der Ost-Berliner Kreisverbände und des stellvertretenden Landesvorsitzenden der Gesamt-Berliner Partei. Kurt Neubauer war also kein Unbekannter, als er 1952 (mit 29 Jahren) in den Deutschen Bundestag einzog.

Berlin und der Deutsche Bundestag – das war ein besonderes Kapitel in der Geschichte der deutschen Teilung. Berlin, auch West-Berlin, war formal kein Teil der Bundesrepublik Deutschland. Deshalb wurden bis zur deutschen Vereinigung 1990 die Berliner Bundestagsabgeordneten nicht direkt gewählt, sondern vom Abgeordnetenhaus entsandt.

Über die Zahl der Abgeordneten, die Berlin nach Bonn

schicken durfte, gab es anfangs heftigen Streit mit den Besatzungsmächten. Die Westalliierten hatten zwar schon im März 1949 erklärt, es »würden keine Bedenken dagegen bestehen, daß die verantwortlichen Behörden in Berlin eine kleine Zahl von Vertretern dazu bestimmen, den Sitzungen des Parlaments beizuwohnen«. Als der Parlamentarische Rat, der das Grundgesetz verabschiedete, dann jedoch beschloß, Berlin solle durch 15 Vertreter repräsentiert sein, erhoben die Militärgouverneure Einspruch und genehmigten lediglich acht Abgeordnete. Erst 1952 ließen sie im Zusammenhang mit einer Novelle des Bundeswahlgesetzes 19, später sogar 22 Vertreter aus Berlin zu.

Bundestagswahlen gab es in Berlin bis 1990 nicht. Immer wenn im Bundesgebiet die Bürger in die Wahllokale strömten, versammelte sich in Berlin das dortige Parlament und bestimmte die Berliner Vertreter gemäß der Stärke der einzelnen Abgeordnetenhausfraktionen. Willy Brandt, Paul Löbe, Heinrich Krone, Ernst Lemmer, Ernst Benda, Johann Baptist Gradl, Karl Schiller und Hans-Jochen Vogel waren nur einige derjenigen, die so nach Bonn entsandt wurden – und eben Kurt Neubauer.

Trotz seines Wohnsitzes in Ost-Berlin besaß er ja die Eigenschaften, die für eine Wahl in den Deutschen Bundestag Voraussetzung waren: Er war Deutscher, und er war volljährig. Daß er ein Deutscher aus Ost-Berlin war und die DDR ihn als ihren Staatsbürger reklamierte, spielte für die westliche Rechtsauffassung keine Rolle, war aber gleichzeitig ein Bekenntnis, daß man die Trennung der Stadt politisch nicht akzeptierte.

Die Berliner Bundestagsmandate waren natürlich unter den Politikern begehrt, Neubauers Nominierung jedoch blieb unbestritten. »Ich hatte immer eines der besten Ergebnisse«, erinnert sich der Ex-Abgeordnete, »weil man meine Mitgliedschaft im Bundestag als Demonstration ansah.« Ab 1955 wurde mit Margarete Heise aus Weißensee sogar eine zweite Vertreterin aus Ost-Berlin in den Bundestag entsandt.

In Bonn war Neubauer ein »normaler Abgeordneter«. Zwar war das Stimmrecht der Berliner Abgeordneten eingeschränkt, und bei der Wahl des Bundeskanzlers oder der Verabschiedung von Gesetzen durften sie nicht mitstimmen. (Tatsächlich hoben sie die Hand, aber ihre Stimmen wurden getrennt ausgezählt und nicht gewertet.) Die Besonderheiten beim Stimmrecht für die Berliner behinderten deren tägliche Parlamentsarbeit, die ja in den Ausschüssen stattfindet, nicht. Neubauer war Mitglied des Gesamtdeutschen und des Innenausschusses.

In Ost-Berlin war die Situation für ihn allerdings alles andere als einfach. Zwar respektierte die Hausgemeinschaft seine besondere Situation (nur ein Mitmieter war ein Stasi-Zuträger, wie der Sozialdemokrat heute weiß), aber die DDR schickte ihm dauernd Delegationen auf den Hals, die mit ihm diskutieren und Forderungen verlesen wollten. Die SED betrieb zu dieser Zeit ja noch eine starke gesamtdeutsche Propaganda. Kurt Neubauer ging Konfrontationen möglichst aus dem Weg. Er wußte, daß echte Gespräche mit diesen Abordnungen nicht zustande kamen.

Die Parteiarbeit für die SPD wurde von den Ost-Berliner Kreisverbänden zwar fortgesetzt, es war unter den Bedingungen des SED-Staates allerdings schwer, eigene Akzente zu setzen. So verlegte Neubauers Kreisverband Friedrichshain seine Veranstaltungen über die Spree nach Kreuzberg, um vor Störungen sicher zu sein. Dennoch wollte man auch im Ostteil der Stadt Flagge zeigen. Noch lebhaft erinnert sich Neubauer an eine gelungene Provokation der SED-Autoritäten. Kurz vor dem Mauerbau lud er den Regierenden Bürgermeister Willy Brandt in seinen Stadtbezirk ein. Brandt kam an einem Markttag zum Boxhagener Platz. Es war keine Kundgebung mit offiziellen Reden und Lautsprechern und dennoch ein starker Auftritt: Brandt war einfach da, er sprach mit den Menschen, und die scharten sich in großer Zahl um ihn. Hier wurde deutlich, wem die Sympathien der Bevölkerung galten.

Der Staatssicherheitsdienst der DDR interessierte sich natürlich lebhaft für Neubauers Aktivitäten. Er wurde oft beobachtet, und wenn die SPD-Genossen sich trafen, wurde auch schon einmal am Fenster gelauscht. »Was die für einen Blödsinn aufgeschrieben haben, ist ungeheuer«, sagt der Sozialdemokrat, nachdem er seine Akte in der Gauck-Behörde eingesehen hat.

Um ihren Sohn vor Benachteiligungen zu schützen, schickten Neubauers diesen von Anfang an im West-Berliner Bezirk Wedding in die Schule. Wegen der Grenzkontrollen mußte Frau Neubauer ihn täglich begleiten.

Am Tag des Mauerbaus befand sich die ganze Familie Neubauer zufällig im Westen. Kurt Neubauer war mit Willy Brandt auf Wahlkampfreise von Nürnberg nach Hannover, als die Nachricht von der Abriegelung der Sektorengrenze wie eine Bombe einschlug. Während ihr Mann in Sachen Politik unterwegs war, verbrachte Frau Neubauer die Wochenenden oft mit dem gemeinsamen Sohn auf ihrem Laubengrundstück im West-Berliner Stadtteil Heiligensee. So war es auch an dem Wochenende des Mauerbaus. Der 13. August, der Tag, an dem die Grenze abgeriegelt wurde, war ein Sonntag. Dadurch wurde die Familie nicht getrennt. Wäre die Mauer an einem Montag gebaut worden, hätten Neubauers sich vermutlich viele Jahre lang nicht sehen können. Denn mit dem Mauerbau beseitigte die DDR auch das »Problem Neubauer«, indem sie ihm die Einreise nach Ost-Berlin verweigerte. Auch seine Frau und sein Sohn durften nicht zurückkehren, nicht einmal, um etwas aus der von der Polizei versiegelten Wohnung zu holen. Kein Stück daraus, weder Wertgegenstände noch Möbel oder persönliche Erinnerungen, erhielten Kurt Neubauer und seine Familie zurück.

Die SPD stellte nach dem Mauerbau ihre Arbeit in Ost-Berlin ein, ohne sich offiziell aufzulösen. Man wollte die Mitglieder nicht gefährden. Auch Kurt Neubauers Kontakte nach Ost-Berlin wurden spärlich, rissen jedoch nie ganz ab.

1963 gab er sein Bundestagsmandat zurück, um in den Berliner Senat einzutreten, dem er – erst als Jugend-, später als Innensenator – bis 1977 angehörte.

Als es im Zusammenhang mit dem Viermächteabkommen ab 1972 wieder möglich wurde, die DDR und Ost-Berlin als Tourist zu besuchen, sah er auch seinen Berliner Heimatbezirk wieder, den er über ein Jahrzehnt nicht betreten hatte.

eds

Rote Funk-Enklave im britischen Sektor

Auf dem gewohnten Weg zum S-Bahnhof Witzleben in Charlottenburg mußte Harald Karas eines Tages einen Umweg machen. »Rund um das Haus des Rundfunks war Stacheldraht gezogen«, erinnert er sich. Nicht nur vor der Frontseite des Gebäudes, sondern auch in der Bredtschneider- und in der Soorstraße, die den im Krieg unzerstörten Klinkerbau des Architektur-Professors Hans Poelzig umgaben.

»Ich mußte auf die andere Seite der Masurenallee wechseln, denn die Sperren reichten bis auf die Mitte der Straße. Heute sind dort die Parkplätze.« Die Drahtverhaue hatten britische Soldaten verlegt. »Damit Leute von drüben nicht ins falsche Lager marschierten«, sagt Karas. Man schrieb den 3. Juni 1952. Von diesem Tage an durfte nur noch hinein und heraus, wer im Funkhaus arbeitete und einen Passierschein besaß.

Karas, der 1949 aus dem sächsischen Kamenz nach West-Berlin geflüchtet war, studierte zu dieser Zeit an der Freien Universität bei Emil Dovifat Publizistik. Ab September 1952 war er beim Berliner Studio des Nordwestdeutschen Rundfunks (NWDR) angestellt. Daß er ein paar Jahre später seinen Arbeitsplatz in diesem Bau, beim künftigen Sender Freies Berlin, haben würde, ahnte er nicht. Jedenfalls nicht an jenem Morgen, als die Briten das Haus abriegelten.

»Dies ist kein Westberliner Sender« stand auf einem Schild vor dem Funkhaus. Zur Warnung für unbedarfte Besucher, die aus der russischen Zone oder aus dem Ost-Sektor kamen und sich beim Passieren des Eingangs im freien Westen wähnten. Doch die Hausherren waren Angehörige der Sowjetischen Militäradministration und Bedienstete des von der DDR betriebenen »Berliner Rundfunks«. Eine rote Insel im britischen Sektor, die für manchen zur Menschenfalle wurde.

In dem nach hinten bogenförmig angelegten Komplex, schräg gegenüber von Messehallen und Funkturm, saß eine Sonderdienststelle der Staatssicherheit. Bürger aus dem Osten, die irrtümlich annahmen, sie seien beim RIAS oder beim NWDR, wurden von den Stasi-Mitarbeitern ausgefragt. Einige wurden sogar festgesetzt. Ihr Vergehen: Sie hatten versucht, Kontakt mit dem »Klassenfeind« aufzunehmen.

»Hinten auf dem Hof standen Fahrzeuge der Russen«, sagt Karas. Mit ihnen kamen die Besatzungssoldaten aus dem Ost-Sektor. Diese Autos wurden nicht kontrolliert. Sie boten also eine ideale Möglichkeit, die Festgenommenen unbeobachtet in den Ostteil der Stadt zurückzubringen. »So sind etliche Leute wieder dort gelandet, wo sie hergekommen sind«, sagt Karas. »Das hat den einen oder anderen ein paar Jahre hinter Gitter gebracht.«

Ihren Anspruch auf den Poelzig-Bau, der bis zum Ende der Nazi-Herrschaft dem »Großdeutschen Rundfunk« als Zentrale gedient hatte, leiteten die Sowjets und ihre deutschen Helfer aus der unmittelbaren Nachkriegszeit ab. Am Vormittag des 2. Mai 1945, dem Tag, an dem die Reichshauptstadt kapitulierte, besetzte die Rote Armee das noch weitgehend intakte Funkhaus. Widerstand gab es nicht. Deutsche Mitarbeiter und Soldaten hatten am Abend zuvor das zur »Festung« erklärte Gebäude verlassen.

Major Popow war der Kommandeur der rund 200 Mann starken Einheit, die sich des Hauses bemächtigte. Er kannte sich aus, denn von 1931 bis 1933 hatte er dort als Ingenieur-Praktikant gearbeitet. Von der militärischen Führung war ihm die Aufgabe übertragen worden, das Haus vor Übergriffen im Siegerrausch zu schützen und die Anlagen betriebsfertig zu erhalten. Diesem Auftrag kam er so gut nach, daß bereits zwei Wochen später, am 13. Mai, der Sendebetrieb wiederaufgenommen werden konnte.

»Achtung, Achtung. Hier spricht Berlin, hier spricht Berlin – auf Wellenlänge 365 Meter. Wir beginnen unsere Sendung.« So meldete sich die neue Stimme im Äther. Am Mikrophon saß Matthäus Klein, ein ehemaliger Pfarrer, der dem Nationalkomitee »Freies Deutschland« angehörte und später Personalchef des »Berliner Rundfunks« wurde. Die Sendung dauerte eine Stunde und wurde aus einem Übertragungswagen über den Sender Tegel ausgestrahlt. Sie wurde mit den Nationalhymnen der vier Siegermächte eröffnet. Dann folgten Nachrichten über die bedingungslose Kapitulation, die Siegesfeier in Moskau und eine UNO-Versammlung in San Francisco.

Vom 15. Mai an wurde aus dem Funkhaus gesendet. Jeden Tag waren es ein paar Stunden mehr, und schon am 18. Mai fand im Großen Sendesaal das erste öffentliche Konzert nach dem Kriege statt. Es spielte das Orchester der Städtischen Oper Berlin. Das Programm – Werke von Mozart, Beethoven und Tschaikowsky – sagte Victor de Kowa an. Das gerettete Archivmaterial trug dazu bei, daß der »Berliner Rundfunk« ein kulturell hohes Niveau erreichte.

Bevor im Sommer 1945 die Westalliierten in Berlin einzogen, passierte doch noch, was Major Popow zunächst verhindert hatte: eine teilweise Demontage der Funkhaus-Einrichtung. Zwar konnte der deutsche Leiter und spätere Intendant Hans Mahle, der am Moskauer Rundfunk gearbeitet hatte und mit der »Gruppe Ulbricht« aus dem Exil zurückgekommen war, die Beschlagnahmung des gesamten Schallarchivs verhindern. Aber viele technische Apparate und andere wertvolle Dinge wurden Richtung Osten weggeschafft.

Politisch sollte der »Berliner Rundfunk« den Aufbau einer »antifaschistisch-demokratischen Ordnung« fördern. Die Propagierung rein kommunistischer Ziele hielten die Sowjets und die KPD noch für verfrüht. So unterschieden sich in den ersten Monaten die Nachrichteninhalte kaum von denen, die die Sender in den Westzonen ausstrahlten. Zu einem großen Teil stammten diese Meldungen aus einer Abteilung, die ausländische Stationen, etwa den Moskauer Rundfunk, die BBC und Radio Paris, abhörten und die Texte ins Deutsche übersetzten.

Ende 1945 unterstellte Oberst Sergej Tulpanow, der Politchef der SMAD, den »Berliner Rundfunk« sowie die anderen Sender der Ostzone der Deutschen Zentralverwaltung für Volksbildung. Durch eine direkte staatliche Anleitung sollte sichergestellt werden, daß der Hörfunk ein zuverlässiges Instrument bei der Umformung der Gesellschaft zum Sozialismus wurde.

Die zunehmende Ideologisierung führte dazu, daß die westlichen Alliierten eigene Anstalten einrichteten. Sie hatten erkannt, daß es wohl ein Fehler war, den Sowjets das Funkhaus zu überlassen.

Zunächst wurde der DIAS, Drahtfunk im amerikanischen Sektor, etabliert. Daraus wurde im Herbst 1946 der RIAS. Kurz zuvor, am 17. August, war das Berliner Studio des NWDR am Heidelberger Platz in Wilmersdorf auf Sendung gegangen.

Vor allem der RIAS, der sich als Stimme der Freiheit verstand und weit über Berlin hinaus gehört werden konnte, beeinflußte die politische Meinungsbildung im

Osten. »Natürlich habe ich damals RIAS gehört. Ich hatte schon von meinem Elternhaus her Vorbehalte gegen kommunistische Propaganda«, sagt Harald Karas, der zu dieser Zeit als Lehrer in Kamenz wirkte. »Die Russifizierung hat mich abgestoßen.« Dies und der Versuch des sowjetischen Geheimdienstes, ihn zur Bespitzelung von Kollegen zu nötigen, veranlaßten ihn schließlich, sich nach West-Berlin abzusetzen.

Währenddessen drehte sich im »Haus des Rundfunks« das Personalkarussell. Intendanten, Abteilungsleiter und Redakteure lösten einander an der Masurenallee rasch ab. Aus dem Westen kam publizistische Verstärkung, zum Beispiel Herbert Gessner von Radio München, den es im Zuge der verschärften Ost-West-Konfrontation zu seinen sozialistischen Freunden zog. Oder Karl-Eduard von Schnitzler, der vom NWDR zum »Berliner Rundfunk« wechselte.

Als 1948 die Luftbrücke eingerichtet wurde, um die zu Lande und zu Wasser abgeschnürte westliche Halbstadt zu versorgen, strahlte der »Berliner Rundfunk« nach wie vor sein Programm über den Funkmasten in Tegel aus. Am 16. Dezember 1948 verstummte jedoch die »Stimme des Fortschritts und der Wahrheit«, als die sich ihre leitenden Mitarbeiter verstanden. Und es dauerte einige Zeit, bis über Notaggregate weiter gesendet werden konnte.

Was war geschehen? Der französische Stadtkommandant Jean Ganeval hatte den Sendeturm kurzerhand sprengen lassen. Er habe dem Ausbau des Flughafens im Wege gestanden, begründete der General diese vorher nicht angekündigte Aktion. Das hatte natürlich ein politisches Nachspiel. Der sowjetische Amtskollege Alexander Kotikow protestierte heftig. Wie er so etwas habe machen können, wollte er von seinem französischen Kollegen wissen. »Mit Dynamit, mon général«, erwiderte dieser kühl.

Dieser Zwischenfall verstärkte bei den östlichen Machthabern den Eindruck, daß die Enklave in Charlottenburg auf Dauer kaum zu halten sein würde. Um störungsfrei arbeiten zu können, beschlossen sie, außerhalb West-Berlins eine eigene Sendezentrale zu schaffen. Ab März 1949 wurde das Programm über den früheren Reichssender in Königs Wusterhausen ausgestrahlt. Zugleich wurde das seit 1947 bestehende Drahtfunkstudio in Berlin-Grünau ausgebaut.

Dazu wurde ein Teil der technischen Anlagen im »Haus des Rundfunks« demontiert und in den Ost-Sektor gebracht. Schritt für Schritt bereitete man den Auszug vor. Der »Berliner Rundfunk«, der 1952 unter das Dach des Staaatlichen Rundfunkkomitees kam und Bestandteil des »Deutschen Demokratischen Rundfunks« wurde, verringerte sein Personal und räumte das Haus allmählich leer. Am 9. Juli 1952, einen Monat, nachdem die Briten das Funkhaus eingezäunt hatten, verließen die letzten 42 Angestellten und Techniker das Gebäude.

Zurück blieb ein russisches Wachkommando. Alle zwei Wochen brachte ein Lkw die Ablösung. Das Gebäude, vor dem eine britische und eine Berliner Polizeiwache aufzog, verwahrloste. Die Heizung fiel aus, und in etlichen Fenstern fehlten die Scheiben. Aber die Sowjets harrten aus. Sie blieben, als das Abgeodnetenhaus im November 1953 die Errichtung des »Senders Freies Berlin« beschloß. Und sie hielten auch die Stellung, als der SFB im Juni 1954 im provisorischen Funkhaus am Heidelberger Platz den Sendebetrieb aufnahm.

Daß Sowjets und Vertreter des Senats heimlich über eine Räumung verhandelten, erfuhr die Öffentlichkeit Anfang Juni 1956. Am 7. Juli wurde der damalige Regierende Bürgermeister Otto Suhr ins russische Hauptquartier nach Karlshorst zur Unterzeichnung eines Protokolls eingeladen. Danach verpflichtete sich die östliche Siegermacht, das Haus an der Masurenallee dem Senat unentgeltlich zu übergeben. Noch am selben Tag überreichte ein sowjetischer Oberst am hinteren Eingang die Schlüssel.

Die Renovierung dauerte mehr als ein Jahr. »Im Oktober 1957 sind wir vom Heidelberger Platz in die Masurenallee gegangen«, erinnert sich Karas. »Ich habe im ›Haus des Rundfunks‹ aber nicht lange gearbeitet.« Schon ein Jahr später wechselte er vom Hörfunk zum SFB-Fernsehen. Als TV-Studio diente das Deutschlandhaus am Theodor-Heuss-Platz. Dort hat er am 1. September 1958 die erste »Abendschau« moderiert.

pp

Idylle hinter der Mauer

Gründlich und penibel, wie man es von den »roten Preußen« gewohnt war, bereiteten die Angehörigen der DDR-Grenztruppen ihren Rückzug vor. Zuerst setzten sie einen neuen Metallgitterzaun. Unmittelbar hinter der bisherigen Exklave. Dann fingen die Uniformierten an, das Gelände zwischen der Mauer und der westlichen Kolonie für die bevorstehende Übergabe vorzubereiten. Mit Rechen wurde der Boden glatt gemacht. Schließlich wurde an der neuen Grenzbefestigung eine Leiter angestellt.

»Der letzte Soldat stand auf den Sprossen und hat mit einer Harke die Fußspuren verwischt«, erzählt Bernd Groujean, Vorsitzender des Vereins »Sport- und Wochenendgemeinschaft 1921«. »Dann ist er hinübergeklettert und hat die Leiter auf die andere Seite gezogen. In diesem Augenblick haben wir angefangen zu klatschen. Es war für uns ein herrliches Gefühl, endlich frei zu sein.«

So endete am 30. Juni 1988, knapp eineinhalb Jahre vor dem Fall der Berliner Mauer, das Inseldasein der Kolonie »Fichtewiese«. Seit der deutschen Teilung hatten die Vereinsmitglieder das von DDR-Territorium umgebene Grundstück nördlich von Spandau nur mit besonderer Genehmigung betreten dürfen. Nun, am Vorabend eines umfassenden Gebietsaustausches zwischen der DDR und West-Berlin, konnten sie wieder ungehindert ihr dreieinhalb Hektar großes Laubenidyll betreten. Der rund 100 Meter breite Geländestreifen, der die Kolonie vom Heimatbezirk trennte, war nach langwierigen Verhandlungen West-Berlin zugeschlagen worden.

Auf diesen Tag hatten die 60 Vereinsmitglieder jahrzehntelang gehofft. »Wir haben der DDR mit Inbrunst getrotzt«, sagt Groujean. »Wir wollten denen zeigen, daß wir stärker sind als sie. Daß wir, auch wenn sie uns noch so sehr schikanieren, unsere Wiese nie freiwillig aufgeben würden.« Doch schon wenige Wochen später kam die Ernüchterung. Etliche der 35 Lauben, die vorher in ihrer Abgeschiedenheit vor Dieben sicher waren, wurden aufgebrochen.

Das war erst der Anfang. Kaum ein Jahr, in dem die Hütten seither nicht gewaltsam heimgesucht wurden. Sportkleidung, Radios, Möbel, Geschirr – nichts war vor Einbrechern sicher. »Früher haben wir alles dalassen können«, sagt der Vorsitzende. »Wir haben die Lauben nicht mal abgeschlossen. Wozu auch? Fremde kamen ja nicht aufs Gelände. Jetzt geht die Angst um. Immer die Vorstellung: Man kommt nach Feierabend raus, und die Tür steht auf. Was haben sie diesmal mitgenommen? Man kann nicht alles mit nach Hause schleppen. Ein bißchen Komfort möchte man haben. Nicht nur mit Plastikbesteck vom Pappteller essen.«

Groujean, Jahrgang 1944, leitender Beamter im Strafvollzug, kennt die Kolonie »Fichtewiese« von Kindheit an. Sein Vater, Alfred Groujean, gehörte zu den Gründern des Vereins, der das Gelände zunächst gepachtet und 1937 einer Gatower Bäuerin abgekauft hatte. »Am Wochenende sind wir regelmäßig draußen gewesen«, erzählt der Junior. »Auch in den Schulferien. Wir hatten nicht das Geld, um zu verreisen. Wir haben Faustball gespielt. Und abends haben wir zusammengesessen und die Mücken totgeschlagen.«

Obwohl die Wiese, benannt nach dem Arbeiter-Sportverein »Fichte«, außerhalb der Stadtgrenze lag, gehörte sie zu Berlin. Dieser Sonderstatus ist eine Folge des preußischen Steuerrechts. Bei der Gründung von Groß-Berlin im Jahr 1920 wurden nämlich jene Gebiete miteinbezogen, für die ein in der Hauptstadt lebender Bodenbesitzer Grundsteuer zahlte. So entstanden rund um Berlin ein gutes Dutzend Exklaven, die freilich erst nach dem Zweiten Weltkrieg und der langsamen Abschnürung der West-Berliner Sektoren vom sowjetisch besetzten Umland zum Politikum wurden.

In den ersten Nachkriegsjahren spürten die »Fichtewieser« Freizeitsportler von den neuen Grenzen wenig. »Als Kinder sind wir in den nahen Wald gegangen, haben Pilze gesucht und Maiglöckchen gepflückt«, sagt Groujean. »Da war noch nichts eingezäunt. Nur wir haben als Markierung einen Draht ums Gelände gezogen. Angst vor Sowjet-Streifen hatte niemand. Weder wir Kinder noch die Erwachsenen.«

Die trügerische Ruhe endete im Mai 1952. Da fuhr ein russisches Militärauto vor, und ein Offizier herrschte die Siedler an: »Ihr West-Berliner. Ihr RIAS hören. Ihr weg.« Später kamen Volkspolizisten und erklärten, daß die Grenze zu West-Berlin geschlossen werde und die Laubenbesitzer das Gelände räumen müßten. Die »Fichtewieser« und ihre Nachbarn von der ebenfalls zum britischen Sektor gehörenden Exklave »Erlengrund« packten ihren Hausrat zusammen und schleppten ihn über den kurzen Weg hinüber nach Spandau. »Was wird denn aus unseren Häuschen?« fragten die Vertriebenen. Die könnten sie ja ebenfalls mitnehmen, wenn sie es schafften, wurde ihnen geantwortet.

Als die Briten im Gegenzug das Funkhaus an der Masurenallee abriegelten, das den östlichen Machthabern seit Kriegsende als Propagandastützpunkt mitten in Charlottenburg diente, lenkten die Sowjets ein. Die gesperrten Zugänge zu den beiden Exklaven »Fichtewiese« und »Erlengrund« wurden wieder freigegeben. Aber das Gefühl, der Willkür ausgeliefert zu sein, blieb. »Für den Osten waren wir so eine Art Faustpfand«, sagt Groujean. »Weil es unser Eigentum war und der Verein im Spandauer Grundbuch eingetragen war, konnten sie es uns nicht wegnehmen. Aber sie konnten uns drangsalieren.«

Das taten die DDR-Behörden auch. Im Juni 1958 erließen sie Öffnungszeiten, die den Zugang zeitlich einschränkten. Werktags von 6 bis 8 und von 16 bis 19 Uhr. Am Wochenende und feiertags jeweils eine Stunde länger. Zwar wurden die Zeiten ein paar Wochen später noch einmal nachgebessert, aber danach blieben sie bis zum Gebietsaustausch 1988 bestehen. Ein zeitweise verfügtes Übernachtungsverbot wurde wieder aufgehoben. Der Bau von neuen Lauben wurde untersagt. Und für die Zugangsberechtigten wurden Ausweise mit Jahresstempeln eingeführt.

Trotzdem gab es Kontakte zu den Ostlern. »Mit den Vopos haben wir manchmal Ball gespielt und anschließend noch zusammengesessen und Bier getrunken«, erinnert sich Groujean. »Zwei unserer Mädels hatten sogar freundschaftliche Verhältnisse zu ihnen.« Gelegentlich wurden die West-Berliner Freizeitsportler auch zu Wettkämpfen mit der Betriebsmannschaft von »Rotation« eingeladen. Die Faustballspiele fanden auf einem Sportplatz statt, der nur ein paar 100 Meter von der Exklave entfernt lag.

Der Mauerbau am 13. August 1961 traf die »Fichtewieser« weniger hart als die übrigen Berliner. »Für uns gab es die Grenze auch vorher schon«, sagt Groujean. »Das war keine ganz neue Situation.« Zumindest für die Seelenlage der Exklavennutzer. Aber die Veränderungen waren unübersehbar. Hinter dem Stacheldrahtzaun, der anfangs die Grenzbefestigung bildete, wurde ein »Todesstreifen« angelegt. Rund um die Exklave entstand ein breiter Kahlschlag, damit die Grenzer freies Sichtfeld hatten. Auf den Sandstreifen sprühten sie Pestizide, um das Wachstum von Pflanzen und Bäumen zu verhindern. Die Auswirkungen waren auch auf der »Fichtewiese« zu spüren. »Wir haben dagegen protestiert«, sagt der Vorsitzende. »Aber geändert hat sich dadurch nichts.«

Anfang der siebziger Jahre wurden die Grenzanlagen weiter ausgebaut. Der durch Betonpfeiler verstärkte Drahtverhau wurde durch eine drei Meter hohe Mauer ersetzt, die »Fichtewiese« von einem ebenso hohen Zaun umsäumt. Wenn die Vereinsmitglieder, von Spandau kommend, in ihr Wochenendparadies wollten, mußten sie sich über eine Sprechanlage bei den Grenzposten melden. Danach wurde ein Durchlaß in der Mauer geöffnet. »Wir liefen über den Todesstreifen auf einem schmalen, eingezäunten Plattenweg, wie Raubtiere in die Manege«, erzählt Groujean.

An einem Wachhäuschen auf halbem Wege wurden die Ausweise kontrolliert. Die Namen der »Fichtewieser« standen auf einer Liste, die einmal im Jahr zur Genehmigung eingereicht werden mußte. Gäste konnten in Ausnahmefällen mitgebracht werden. Der Verein mußte sie aber langfristig avisieren. Lebensmittel und Getränke, die genau inspiziert wurden, transportierten die Siedler in Handwagen. In der Exklave gab es weder Strom noch Leitungswasser, nur Brunnen. »Eine Zeitlang haben sie uns untersagt, Baumaterialien rüberzubringen«, erinnert sich der Vorsitzende. »Die wollten uns doch aushungern. Aber nachdem die Senatskanzlei intervenierte, haben sie das Verbot wiederaufgehoben.«

Neben dem Abfertigungshäuschen stand ein Wachturm. »Die Posten haben sich praktisch gegenseitig bewacht. Weil sie Angst hatten, daß ein Grenzer abhauen könnte«, sagt Groujean. Die Sorge war nicht unbegründet. Denn 1978 war einem DDR-Soldaten auf spektakuläre Weise die Flucht in den Westen geglückt.

»Eines Abends hat ein Grenzer einen von uns, der auf dem Heimweg war, als Geisel genommen«, berichtet der Vorsitzende. »Er hat ihm die Maschinenpistole in den Rücken gehalten und gesagt: Jetzt gehen wir gemeinsam raus. Dann hat er unser Mitglied als lebendes Schutzschild vor sich hergeschoben und ist rübergegangen bis zum Mauerdurchlaß.« Auf ihn zu schießen haben sich seine Kameraden nicht getraut. Aus Sorge, der Flüchtende könnte sein Opfer umbringen. Auf West-Berliner Seite hat der DDR-Soldat seine Waffe bei der Polizei abgegeben.

Nach diesem Zwischenfall durften die Grenzer das Tor in der Mauer nicht mehr mit der Hand öffnen. Fortan wurde der Durchlaß per Kabelzug aufgemacht. Und die Posten auf dem Wachturm durften während der Durchgangszeiten ihre Stellung nicht verlassen. Nicht mal, um ihre Notdurft zu verrichten. »Die waren praktisch eingesperrt«, sagt Groujean. »Runter vom Turm durften sie erst wieder, wenn die Öffnungszeiten vorbei waren.«

»Am meisten hatten wir Angst davor, daß einer der Soldaten zu uns aufs Gelände flüchtet«, sagt Groujean. »Wir hätten nicht gewußt, was wir mit ihm machen sollen. Der hätte wie in einer Mausefalle gesessen.« Zum Glück ist dieser Fall nie eingetreten. Auch nicht eine Situation, in der man Hilfe hätten holen müssen. Wenn sich etwa jemand schwer verletzt hätte. Einem Notarzt aus West-Berlin war der Zugang versperrt. Außerdem: Wie hätte man ihn informieren sollen? Ein Telefon gab es nicht. Man hätte nur die Grenzer alarmieren können.

Strom gibt es auch heute noch nicht in »Fichtewiese«. »Wir haben nach der Grenzöffnung mal angefragt, was ein Anschluß kosten würde. Die Bewag hat jedoch kein

Interesse gezeigt, weil wir zuwenig abnehmen würden.« Auch die Verlegung eines Telefonkabels wurde abgelehnt. Aber das fällt im Handy-Zeitalter nicht ins Gewicht.

Als ärgerlicher empfinden die Vereinsmitglieder das 1991 vom Umweltschutzamt erlassene Verbot, die zentrale Wiese, um die sich die Lauben gruppieren, im Frühjahr abzubrennen. So wie man es zu Mauerzeiten gemacht hat. »Damals erblühte diese Wiese jedes Jahr neu und farbenfroh«, beschreibt Groujean die Vorteile des Flämmens. Jetzt wird das Gras gemäht. »Und alle Mann müssen beim Harken helfen.«

Seit sie nicht mehr im Schatten der Mauer leben, abgeschieden und zugleich beschützt, hat sich das Vereinsleben verändert. »Früher haben wir viel öfter zusammengesessen. Heute hocken viele vor ihren kleinen, mit Solar- oder Batteriestrom betriebenen Fernsehern. Und wenn zum Beispiel Steffi Graf spielt, dann heißt es, man wolle nicht gestört werden. Der enge Zusammenhalt ist nicht mehr da«, klagt der Vorsitzende.

Manche »Fichtewieser«, genervt von den häufigen Einbrüchen, spielen mit dem Gedanken, ihre Mitgliedschaft aufzugeben. Andere haben im Brandenburgischen ein Haus gebaut und nun kein Interesse mehr am Freizeitleben in der Kolonie. »Natürlich hat uns die Wiedervereinigung unendlich viel gebracht«, resümiert der Vorsitzende, »aber einigen eben auch Nachteile.« Wenn man dies gegen die früheren Vorteile abwäge, komme bei etlichen älteren Vereinsmitgliedern Nostalgie auf. »Das kann man nicht leugnen.«

pp

Der Monolog der Lautsprecher – Propagandakrieg an der Mauer

Der Klang einer Trompete zerriß die Stille an der Mauer. Ein VW-Bus mit überdimensionierten Lautsprechern stand direkt an der westlichen Seite des Bauwerkes, das Berlin seit 1961 teilte. Nach der Eingangsfanfare meldete sich Heinz Gerull: »Hier spricht das Studio am Stacheldraht.« Dann appellierte er an die Angehörigen der DDR-Grenztruppen, nicht auf Flüchtlinge zu schießen, und verlas Nachrichten. Die ganze Sendung dauerte knapp 15 Minuten. Anschließend fuhr der Wagen weiter zu seinem nächsten »Sendeplatz« an der Mauer.

Anfangs waren vier, später sogar mehr Studiowagen im Einsatz. Sie waren der westliche Beitrag zum Lautsprecherkrieg an der Mauer.

Begonnen worden war die Auseinandersetzung von der östlichen Seite. Sie hatte auf Plakate im Westen (»Deutsche, schießt nicht auf Deutsche!«) mit Lautsprecherparolen geantwortet. Als eineinhalb Wochen nach dem Mauerbau, am 22. August 1961, der damalige Bundeskanzler Adenauer die Sektorengrenze besuchte, wurde er vom Osten mit Lautsprecherpropaganda empfangen. Am Brandenburger Tor schallte ihm der Karnevalsschlager ›Da sprach der alte Häuptling der Indianer, wild ist der Westen, schwer ist der Beruf‹ entgegen.

Die DDR-Führung versuchte, die westliche Bevölkerung über die »Kriegsplanungen« und Aufrüstungsbestrebungen ihrer Regierung zu »informieren«. Tatsächlich wurde in West-Berlin aufgerüstet, aber nicht die Armee, sondern die Lautsprecherkapazität. Stand man dem Mauerbau schon hilflos gegenüber, wollte man nun nicht auch noch die Lautsprecherpropaganda tatenlos hinnehmen müssen.

Der Berliner Innensenator hatte den westlichen Lautsprecherdienst ins Leben gerufen. Einer der Köpfe war der RIAS-Journalist Hanns-Peter Herz, der später viele Jahre lang als Chef des Berliner Presse- und Informationsamtes und als Chef der Senatskanzlei politische Verantwortung trug. Herz, der im RIAS unter anderem eine tägliche Sendung für die Grenztruppenangehörigen gestaltete (»Fünf Minuten für 20 000«), schrieb die Texte und übermittelte sie an die Senatsverwaltung. Von dort wurden die Lautsprecherwagen mit ihren Sprechern in Bewegung gesetzt. Auf einer festen Route verlasen diese zu vorgegebenen Zeiten die Meldungen, gelegentlich wurden auch Auszüge aus Interviews mit geflüchteten Grenzsoldaten verbreitet. So versuchte man ein Informationsvakuum in Ost-Berlin zu füllen. Westliche Zeitungen gab es dort nicht, und vor allem in den ersten Jahren nach dem Mauerbau konnten westliche Radiosendungen nicht überall empfangen werden. (Das Fernsehen spielte sowieso noch eine vergleichsweise geringe Rolle.) Die Angehörigen der Grenztruppen, die an der Sektorengrenze in Berlin eingesetzt waren, kamen oftmals aus der Provinz und waren dort noch stärker von Informationen abgeschnitten gewesen. Mit den Sendungen wollte man vor allem sie erreichen.

Der Lautsprecherkrieg endete 1965 in einem grandiosen Finale. Am 7. Oktober 1965, dem Jahrestag der DDR, gab es in einer Kaserne westlich von Gatow eine Veranstaltung der DDR-Volksarmee mit dem üblichen militärischen Brimborium. Das Studio am Stacheldraht rückte mit einer 5000-Watt-Anlage an. Diese hatte eine Verständlichkeitsreichweite von über fünf Kilometer. Als die offizielle Veranstaltung auf der anderen Seite losging, störte der West-Berliner Lautsprecherwagen diese mit flotter Musik und eigenen Durchsagen. Die DDR mußte zähneknirschend einsehen, daß sie den Lautsprecherkrieg wegen technischer Unterlegenheit nicht gewinnen konnte. Sie stellte ihre Lautsprecherpropaganda daraufhin ein. Auch auf West-Berliner Seite wurden die Lautsprecherwagen anschließend nicht mehr eingesetzt. Die große Anlage, auf Mercedes-Lastwagen montiert und mit hydraulisch auf neun Meter Höhe angehobenen Lautsprechern, kam dann noch einmal bei einem evangelischen Kirchentag im Olympiastadion zum Einsatz.

Die Tätigkeit des Studios am Stacheldraht war damit jedoch keineswegs beendet. Das Studio »sendete« nämlich auch mittels Plakaten und mit drei Leuchtschriftanlagen.

Die Plakate richteten sich wiederum in erster Linie an die Angehörigen der Grenztruppen. Sie standen an ca. 100 Stellen entlang der Berliner Mauer und wurden alle 14 Tage ausgetauscht. Ergänzend gab es Informationswände, die auf VW-Bussen auf einer großen Rolle montiert waren. Sie wurden auf Sichthöhe angehoben und brachten neben Slogans auch Nachrichten, die vor den Augen der Ost-Berliner liefen. Diese Rollen mußten von den Studiofahrern selbst gemalt werden, eine langfristige Fertigung war wegen der gewünschten Aktualität nicht möglich. Auch auf jeden Mordfall an der Mauer reagierte das Studio sofort mit Sonderplakaten.

Die Aufnahmekapazität der Plakate war verständlicherweise sehr begrenzt. Sie wurden daher ergänzt um Dias, die abends an Hausflächen projiziert wurden und die vor allem Nachrichten enthielten. Für die DDR-Führung war das ausgesprochen ärgerlich. Kaum wurde es so dunkel, daß die Plakate keine Wirkung mehr zeigen konnten, schaltete das Studio am Stacheldraht die Projektoren an. Knapp 30 Stellen, alle in der Innenstadt, gab es, an denen die West-

Nachrichten regelmäßig per Dia zu sehen waren. Tagsüber hatten die Studiomitarbeiter die Nachrichten Buchstabe für Buchstabe aus weißer Pappe auf eine schwarze Samttafel gesteckt und fotografiert. Abends waren die neuen Dias dann fertig. Eine »Dia-Schau« dauerte rund 15 Minuten, dann fuhr der Wagen weiter zur nächsten Stelle. Die Grenzposten waren gehalten, die Meldungen mitzuschreiben. Wenn sie nicht mitkamen, riefen sie schon einmal über die Mauer: »Halt, nicht so schnell, wir sind noch nicht soweit«, erinnert sich Günter Jetschmann.

Als junger Beamter war er mit den Plakaten und den Dias befaßt. Jeden Tag saß er mit dem Leiter des Studios, Heinz Dundalski, und Hanns-Peter Herz, der mittlerweile im Presse- und Informationsamt in leitender Position tätig war, zusammen und brütete über Slogans. »Die meisten kreativen Einfälle«, erinnert Jetschmann sich, »hatte Hanns-Peter Herz.« Auch der Persönliche Referent des damaligen Bürgermeisters Heinrich Albertz, Heinz Fanselau, war mit von der Partie.

Für Günter Jetschmann und die anderen Mitarbeiter des Studios am Stacheldraht hatte ihre Tätigkeit auch persönliche Folgen. Nicht nur, daß sie Ost-Berlin nicht besuchen konnten (was in den 60er Jahren im Zusammenhang mit den Passierscheinregelungen einige Male möglich gewesen wäre), sie durften auch nicht im Transit durch die DDR fahren. Jede Ausflugsreise begann für Günter Jetschmann und die anderen daher kompliziert. Während er nach Hannover fliegen mußte, wurde sein Auto von einem anderen dorthin überführt. Erst dann konnte Jetschmann sich selbst ans Steuer setzen, während der Fahrer zurückflog. Die Kosten dieser Aktion trug der Senat von Berlin. Als Jetschmann bei einem Besuch an einer Plakatwand seinen Wagen so unglücklich parkte, daß die DDR-Grenzposten das Nummernschild ablesen konnten, bekam er ein neues Kennzeichen, um keine Probleme bei diesen Überführungsfahrten zu haben. Heute erinnert Jetschmann sich mit einem Schmunzeln an die Zeit. Er ist als Beamter der Senatskanzlei für die Allgemeine Verwaltung zuständig und arbeitet im Berliner Rathaus – im ehemaligen Ost-Berlin.

Auch auf den Abend beschränkt war die Wirkung der Leuchtschriftanlagen, deren Chefredakteur der damalige Student Wolfgang Goebel war. Er war selbst aus Ost-Berlin geflohen, wo er Offizierschüler der Nationalen Volksarmee gewesen war. Dadurch kannte er die Psyche der Grenzsoldaten sehr genau.

Eine Leuchtschriftenanlage am Potsdamer Platz gab es schon seit den 50er Jahren. Als der US-Vizepräsident Johnson wenige Tage nach dem Mauerbau (und noch vor dem deutschen Bundeskanzler Adenauer) nach Berlin kam, wurde ihm diese Anlage vorgeführt. Johnson ermunterte den Regierenden Bürgermeister Willy Brandt, weitere solche Anlagen in Betrieb zu nehmen. Auch die Leuchtschriften richteten sich überwiegend an die Angehörigen der Grenztruppen.

Die Hauptanlage befand sich auf dem Hochhaus der Wohnungsbaugesellschaft GSW in der Kochstraße. Dort, im 16. Stock, war auch das kleine Büro, in dem Goebel seine Texte fertigte. Diese wurden dann per Fernschreiber an die anderen Anlagen in der Ellerbeker Straße im Wedding und auf der Rudower Müllkippe weitergeleitet. Gesendet wurde in den Abendstunden, wenn die Dunkelheit anbrach.

Die Leuchtschrift an der Kochstraße, vier Meter hoch und mit Tausenden von Glühbirnen betrieben, wies in Richtung Alexanderplatz und war in der östlichen Innenstadt gut zu sehen. Anfangs versuchte die DDR-Polizei, die Leuchtanlage mit starken Scheinwerfern zu blenden.

Die Stahlkonstruktion war jedoch mit einem Spezialanstrich versehen, der das Licht reflektierte. Ergebnis: Je mehr Licht darauf fiel, desto deutlicher war die Schrift zu lesen. Später wurde die Sicht durch den Bau der Häuser in der Leipziger Straße eingeschränkt. Wolfgang Goebel hat mittlerweile in Erfahrung gebracht, daß die Bebauung dort höher als ursprünglich geplant vorgenommen wurde, um die »Propaganda« aus dem Westen zu verdecken. Die stieß auf große Resonanz, weil sie in Wirklichkeit keine Propagandafloskeln enthielt, sondern sachlich informierte. Wolfgang Goebel wußte auf Grund seines eigenen Werdegangs sehr genau, was die Grenzsoldaten und die Zivilbürger interessierte. Vom damaligen Pressesprecher Egon Bahr und seinem Vertreter (und Nachfolger) Hanns-Peter Herz gab es zudem eine klare Anweisung: keine Polemik.

Indirekt mußte das auch die DDR anerkennen. In einem Aufsatz der DDR-Zeitschrift ›Außenpolitik‹ (Titel: »Bonn schürt die ideologische Diversion an DDR-Staatsgrenze zu Westberlin«) heißt es: »Die Texte der Plakate, der Leuchtschriften und der Bildwerfer sind oftmals sehr verschleiert und raffiniert, und nicht selten erkennt man ihren wahren Charakter erst dann, wenn man beachtet, wo sie herkommen.« (Heft 8/1967)

Polemik verbot sich auch noch aus einem anderen Grund: Die Textmenge war wegen der »Sendebedingungen« äußerst begrenzt. Jeder Buchstabe wurde in ein Spezialband gestanzt, das dann durch ein Quecksilberbad lief und anschließend die Lichtzeichen auslöste. Die ganze Nachrichtensendung durfte nicht länger als knapp fünf Minuten Lesezeit dauern. Da mußte präzise formuliert und jedes Füllwort eliminiert werden.

Noch heute freut sich Wolfgang Goebel über eine Aktion. Als Willy Brandt beim NATO-Treffen in Island eine Rede hielt, wurde diese vom SED-Organ ›Neues Deutschland‹ verdammt, von der sowjetischen ›Prawda‹, dem Organ der dortigen Kommunistischen Partei, jedoch gelobt. Goebel meldete beides ohne Kommentar – und löste, wie er später von Flüchtlingen erfuhr, bei den Politoffizieren der DDR-Grenztruppen große Ratlosigkeit aus. Schließlich konnten sie weder zugeben, daß das ›Neue Deutschland‹ unrecht hatte, noch, daß dies bei der ›Prawda‹ der Fall war.

Andere Höhepunkte waren die Meldungen zum in den 60er Jahren geplanten (und nie verwirklichten) Redneraustausch zwischen der SED (Ost) und der SPD (West) sowie die Informationen anläßlich des Einmarschs der Warschauer-Pakt-Truppen in der Tschechoslowakei. Man sah aus dem Westen, wie im Osten die Polizei die Passanten immer wieder zum Weitergehen aufforderte.

Zu den vielen Menschen, die Wolfgang Goebel durch seine Arbeit kennenlernte, gehörte auch John Le Carré. Das merkte er aber erst später, als er las, daß die Leuchtschriftenanlage im ›Spion, der aus der Kälte kam‹ verarbeitet war. Le Carré hatte sich ausführlich bei Wolfgang Goebel informiert, sich jedoch – dem Genre gemäß – nicht zu erkennen gegeben.

Im Dezember 1969 erloschen die Leuchtschriften. Zum einen verfügten die Menschen mittlerweile mit Fernsehen und Rundfunk über andere Informationsmöglichkeiten, zum anderen sollten die Viermächteverhandlungen über Berlin nicht gestört werden. Als die Gerüste fünf Jahre später demontiert wurden, meldete der Berliner ›Tagesspiegel‹ am 23. April 1974 lakonisch:

»Die Rudimente der von der Nachrichtentechnik überholten Überbleibsel der innerdeutschen Auseinandersetzung sind nun weg.«

eds

Im Westen wohnen, im Osten arbeiten

Am meisten hat ihn die Wochenend-Arbeit belastet. Nicht wegen des langen Dienstes von Sonnabend bis Montag, den er im Krankenhaus versah. Der war für einen passionierten Arzt wie Hermann Kahl selbstverständlich. Schlimm war jedoch, daß er in dieser Zeit für seine Familie nicht erreichbar war und er ihr keine Nachricht geben konnte. »Der Telefonverkehr war unterbrochen. Und das war weder für meine Frau noch für mich besonders angenehm.«

Der Arzt war »Grenzgänger«. So nannte man die Leute, die in einem Teil Berlins wohnten und im anderen arbeiteten, DDR-Bürger, die im Westteil jobbten, und West-Berliner, die im Ost-Sektor ihr Geld verdienten. Vor dem Mauerbau pendelten täglich Zehntausende, die meisten morgens von Ost nach West und abends wieder zurück. Nach dem 13. August 1961 sank die Zahl rapide, bis nur noch wenige Spezialisten übrigblieben. Unter ihnen war Hermann Kahl, von 1960 bis 1982 Chefarzt der Inneren Abteilung vom St.-Hedwig-Krankenhaus in Berlin-Mitte.

Am Tag, als die DDR die Straßen dichtmachte, war Kahl gerade aus dem Urlaub gekommen. In seiner Charlottenburger Wohnung erhielt er den Anruf einer Oberärztin, an der Sektorengrenze passiere etwas. »Da habe ich zu meiner Frau gesagt, wir fahren jetzt rüber«, erinnert er sich. Sie setzten ihre drei Kinder ins Auto und fuhren zum Brandenburger Tor. Dort wurde gerade das Pflaster aufgerissen und Stacheldraht gezogen. Aber die Posten ließen ihn noch durch.

Im Krankenhaus traf er Kollegen, die ebenfalls alarmiert worden waren. Zu dieser Zeit war das Gros der Ärzte im Hedwig-Krankenhaus West-Berliner, alle vier Chefs und etwa die Hälfte der Oberärzte. »Wir kamen überein, erst mal abzuwarten, wie sich die Sache entwikkelt.« Dann fuhr er wieder zum Brandenburger Tor, das schon geschlossen war. Er wurde zur Invalidenstraße geschickt und durfte passieren.

Auf den Gedanken, die Patienten im Stich zu lassen und im Westen zu bleiben, kamen weder Kahl noch die anderen leitenden Mediziner. »Die Verbundenheit mit dem Haus war sehr groß. Ich hätte das als Fahnenflucht angesehen.« In den Monaten zuvor hatte das Krankenhaus ohnehin viele Ärzte verloren. Der Abwanderungstrend war kaum zu bremsen.

»Die kamen wie die Zugvögel, bewarben sich um eine Stelle und waren nach drei Monaten wieder verschwunden« – Richtung Westen. Auf Kahls »Innerer« waren im Sommer 1961 nur noch fünf Ärzte, die bis auf einen ihren Wohnsitz in West-Berlin hatten. »Fünf für 270 Betten. Das war das einzige Mal, als wir einen Teil der Abteilung schließen mußten«, sagt der frühere Chef. »Die Westler haben den Betrieb aufrechterhalten.«

Während der DDR-Rundfunk allen 60 in West-Berlin wohnenden Orchester- und Chormitgliedern fristlos kündigte und andere staatliche Einrichtungen den Westlern Auflösungsverträge vorlegten, blieb das katholische St.-Hedwig-Krankenhaus von Entlassungen verschont. »Der Staat hat in die Personalpolitik nicht eingegriffen«, sagt Kahl. »Wir arbeiteten einfach weiter.« Freilich unter erschwerten Bedingungen.

»Wir bekamen einen Sonderausweis«, erzählt Kahl. Das Dokument, das zum Grenzübergang berechtigte, mußte zunächst monatlich, später alle halbe Jahre erneuert werden. Seine Kinder durften ihn, bis sie 15 waren, begleiten, da sie im Personalausweis eingetragen waren. Der Ehefrau blieb dieses Vorrecht verwehrt.

»Ich bin jeden Tag über denselben Kontrollpunkt rein und wieder raus. Mit den entsprechenden Überprüfungen. Ich bin mit dem Auto gefahren. Wir wurden sehr intensiv unter die Lupe genommen.« Einmal habe ein älterer Zollbeamter, den er als Patienten kannte, in seinem Wagen wie ein Wilder herumgeklopft und dabei gesagt: »Herr Doktor, entschuldigen Sie. Aber Sie können sich gar nicht vorstellen, wie wir beobachtet werden.«

Nach und nach wurden die Kontrollstellen ausgebaut. »Irgendwann wurden an der Sandkrugbrücke Baracken aufgestellt. Wir mußten aussteigen und standen in Schlange an.« Da lernte er die anderen »Grenzgänger« kennen: Mitarbeiter der Charité, Schauspieler am Deutschen Theater, Künstler an der Komischen Oper. Deren Intendant Walter Felsenstein hatte einen Hinauswurf seiner West-Berliner Mitarbeiter mit der Drohung verhindert, eher werde er selber gehen, als einer Kündigung zuzustimmen.

Als Kahl, Jahrgang 1917, zwei Jahre nach Kriegsende aus britischer Gefangenschaft in seine Heimatstadt Berlin zurückkehrte, hat er sich zunächst in Pankow um eine Arztstelle bemüht. Dort war er zu Hause, da wohnten seine Eltern. Zugleich hat er sich beim Hedwig-Krankenhaus beworben, um eine Facharzt-Ausbildung als Internist zu absolvieren.

»Meiner Mutter Eltern waren unweit des SHK aufgewachsen. Sie gehörten zur Hedwig-Gemeinde, und von ihnen bekam ich auch den Tip, mich dort zu bewerben. Ich bekam die Stelle und wurde in eine Riesenarbeit hineingeworfen. Das war mir recht, denn ich wollte an einem großen Krankenhaus eine gute Ausbildung bekommen.« Und Hedwig, dieses von der Caritas und der katholischen Kirche getragene traditionsreiche Haus, hatte schon damals einen exzellenten Ruf.

»In der Auguststraße war ich bei einem entfernten Verwandten gemeldet«, sagt Kahl. Aber gewohnt hat er im Krankenhaus. Dort hat er seine Frau Waltraut kennengelernt – »eine Assistenzärztin, West-Berlinerin, die bei uns gearbeitet hat«. 1953, im Jahr des Volksaufstandes, haben sie geheiratet. Und der Ehemann, DDR-Bürger und in politischen Dingen ein wenig blauäugig, meinte, er könne so einfach nach West-Berlin umziehen.

Jedenfalls ging er eines Tages zur Volkspolizei und kündigte an, er werde seinen Wohnsitz verändern und wolle sich ummelden. Wohin er denn ziehe, wurde er gefragt. Nach Charlottenburg. »Da guckte mich der Polizeibeamte groß an und sagte: Augenblick mal.« Dann sei der Uniformierte verschwunden. Als er wiederkam, erklärte er dem jungverheirateten Arzt: »Ihr Ausweis ist wegen Fluchtverdachts einbehalten.«

Wieso Fluchtverdacht, meinte Kahl. Er arbeite am Hedwig-Krankenhaus und wolle dies auch künftig tun. »Da ging er wieder und kam einige Zeit später mit einem älteren Beamten zurück.« Der habe ihm den Ausweis zurückgeschoben und gesagt, er sei nicht zuständig, die Angelegenheit müsse woanders geregelt werden. »Aber mit dem Unterton: Lieber Freund, lassen Sie das besser sein. Und da habe ich den Umzugsversuch unterlassen.«

Dann hat sich etwas Groteskes abgespielt. Seine Frau, obwohl in West-Berlin ansässig, zog zu ihm in seine Krankenhaus-Wohnung. »Das war im Grunde verboten. Wenn wir abends vom Dienst kamen, haben wir als erstes die Gardinen zugezogen, damit man nicht sehen konnte, wer da war.« Irgendwann seien auch mal Leute gekommen und haben eine Krankenschwester nach den Familienverhältnissen der Kahls gefragt. Aber die habe geistesgegenwärtig reagiert und erklärt: »Die Frau Doktor fährt abends nach West-Berlin.«

»Gewohnt haben wir da, bis das zweite Kind kam«, berichtet Kahl. Dann habe seine Frau gesagt: »Jetzt ist Feierabend. Entweder ich komme offiziell hierher, oder du ziehst rüber. Dieses Theater mache ich nicht mehr mit.« Das war 1955, eine Zeit der »weichen Welle« in der Politik. Die nutzte Kahl, um endlich mit offizieller politischer Genehmigung nach West-Berlin zu ziehen.

Aber so leicht war der Start auf der anderen Seite nicht. Monatelang lief er herum, um eine Wohnung zu finden. »Überall kam ich als zweiter Sieger durch.« Möglicherweise deshalb, weil er keinen Abstand zahlen konnte. »3000 oder 5000 D-Mark, daran war überhaupt nicht zu denken.«

Von seinem bescheidenen Ost-Gehalt in Höhe von etwa 1100 Mark bekam er von der Lohnausgleichskasse, einer speziell für die Grenzgänger geschaffenen Einrichtung, 350 Mark in Westgeld umgetauscht. Irgendwie ist es ihm aber doch gelungen, eine Wohnung zu finden. »In der Knesebeckstraße, in einem Seitenflügel: die Reste einer 16-Zimmer-Wohnung.«

Im Vergleich zu den Städtischen Krankenhäusern in Ost-Berlin war St. Hedwig benachteiligt. Sieben Mark pro Patient und Bett betrug der Pflegesatz Anfang der 50er Jahre, bei den kommunalen lag er bei 13 Mark. Ein Antrag der Caritas, eine Erhöhung des Satzes auf neun Mark zu bewilligen, fand bei staatlichen Stellen keine Unterstützung. Unter diesen Umständen war es schwer, die Gehälter zu zahlen.

»Wir haben es nachher dadurch ausgleichen können,

daß wir eine Poliklinik eingerichtet haben.« Da arbeiteten die Ärzte nach dem regulären Dienst und verdienten sich ein Zubrot. »Bei mir war das zweimal in der Woche«, sagt Kahl. »Von morgens bis mittags im Krankenhaus, ab halb zwei Uhr bis abends sieben in der Poliklinik. Da kriegten wir immerhin 600 Mark raus.«

Als »Grenzgänger« durfte Kahl im HO einkaufen. »Ich hatte einen Einkaufsausweis. In den wurde alles, was ich verdiente, eingetragen.« Den Satz, der ihm in Charlottenburg in D-Mark umgetauscht wurde, mußte er bei der Krankenhaus-Verwaltung angeben. Der wurde ihm dann vom einzutragenden Betrag abgezogen.

Einen großen Teil des Ost-Geldes gab er für Lebensmittel aus. »Ich hatte im Krankenhaus eine Frau – ich habe immer meine Agentin gesagt –, die kaufte für mich ein. Ich hätte sonst gar keine Zeit gehabt.« Bevor er sich 1956 sein erstes Auto zulegte, fuhr er abends mit der S-Bahn nach Hause, mit vollen Taschen bepackt. Am Bahnhof Zoo oder Savignyplatz, wo er gewöhnlich ausstieg, stand manchmal der West-Zoll und lauerte auf Kunden, die drüben eingekauft hatten. »Zum Glück hatte ich meinen Einkaufsausweis. Den haben sie akzeptiert.«

Steuern zahlte Kahl in Ost-Berlin. »Von meinen Einnahmen wurden 20 Prozent abgeführt.« Das war das Gehalt plus das, »was man so nebenbei hatte«. Zahlungen von Privatpatienten. »Das habe ich umgerubelt. Von Ost- in Westmark.« Ein Bankkonto in Ost-Berlin hat er nicht gebraucht. »Das Geld kriegte ich – wie man so sagt – auf die Hand.«

Nach dem Mauerbau wurde die Gehaltszahlung umgestellt. Die katholische Kirche als Arbeitgeber hatte die West-Ärzte gebeten zu bleiben. Man werde die Pendler finanziell nicht hängenlassen, wurde ihnen zugesichert. Fortan bekamen die West-Berliner Angestellten von St.

Hedwig ihr Gehalt in D-Mark, aber nur den Ost-Satz. Der betrug für den Chefarzt Kahl 2500 DM. Ein Bruchteil dessen, was ein Mediziner in vergleichbarer Stellung in West-Berlin verdiente.

Angebote, auch seine Arbeit in den West-Teil zu verlagern, lehnte er ab. »Natürlich hätte ich da besser gestanden«, sagt er. »Aber zum Geld hatte ich sowieso ein gebrochenes Verhältnis. Das war für mich nie ein so wichtiges Kriterium.« Daß seine Familie materiell über die Runden kam, verdankt Kahl vor allem seiner Frau. – »Meiner Ernährerin«, wie er sagt. Sie arbeitete in Kreuzberg, beim Gesundheitsamt.

Nach dem Mauerbau wurde er im West-Berliner Freundes- und Bekanntenkreis häufig gefragt, wie er mit dem Leben in zwei Stadthälften klarkomme. »Die Anteilnahme war sehr stark.« Niemand unterstellte ihm, dem Angestellten einer christlichen Einrichtung, ernsthaft Sympathien für das DDR-Regime. Politisch wurde er im Osten in Ruhe gelassen. »Man schätzte unsere Arbeit und hat uns akzeptiert. An der Mai-Demonstration und solchen Sachen haben wir nicht teilnehmen müssen.«

Bei ihren regelmäßigen Fahrten über die Grenze haben die Ärzte manches gewagt. Sie haben Medikamente transportiert oder andere Dinge, die es im Osten nicht gab. Auch Bücher oder Fachzeitschriften. »Ich konnte immer nur ein oder zwei Exemplare mitnehmen«, sagt Kahl. Mehr wäre aufgefallen. Trotzdem wurde auf diese Weise die Bibliothek der Klinik ordentlich ausgestattet.

Bei der medizinischen Ausstattung brauchte St. Hedwig den Vergleich mit anderen städtischen Häusern nicht zu scheuen. Was Neuanschaffungen betraf, sei die Caritas immer sehr entgegenkommend gewesen. Kahl sondierte den westlichen Markt der Medizintechnik und verhandelte mit Firmen. »Ich konnte nicht immer nur die auswählen, die Vertreter in den Osten schicken durften. Die Apparate mußten ja gewartet werden.«

In den 60er Jahren, als die DDR noch Transitgebühren bei den Reisenden direkt erhob, hat Kahl manchen Uniformierten in Rage gebracht. »An der Grenze habe ich immer Ost-Geld hingelegt« – zur besonderen Freude der »Organe«. Besonders spannend wurde es, wenn er aus Helmstedt kam. »Mark der DDR. Wo haben Sie die her? Die dürfen Sie gar nicht besitzen.« Die Zöllner glaubten, einen Missetäter erwischt zu haben. »Und dann kam der Vorgesetzte und sagte: der darf.«

»Wenn ich 65 bin, ist Schluß«, hat Kahl, seit 1963 auch ärztlicher Direktor, schon Jahre vorher seinem Verwaltungschef angekündigt. »Dann höre ich auf und meine Frau auch. Man muß zur richtigen Zeit Schluß machen. Und zwar auch deshalb, weil die, die hinter mir stehen, auch zum Zuge kommen müssen.«

pp

Freier Abfluß in der Unterwelt

An die Zeit nach der Grenzöffnung denkt Johannes Horscht nicht gern zurück. Jedenfalls nicht an seinen Beruf. »Eine Heidenarbeit war das«, sagt der Diplom-Ingenieur. »Das ganze Jahr 1990 waren wir damit beschäftigt, diese Schienen herauszuschlagen. Mit einem ungeheuren Aufwand. Die Leute haben oft bis zur Erschöpfung gearbeitet.«

Bis zu den Knien standen seine Männer vom VEB Wasserversorgung und Abwasserbehandlung, abgekürzt WAB, im Morast der Kanäle und stemmten mit Preßlufthämmern die Eisenträger aus dem Mauerwerk. An den glitschigen Wänden hingen lange Schlammschlieren. Es stank nach Modder und Fäulnis. Ein Knochenjob. »Aber die Dinger mußten weg«, so Horscht, »damit die Abflußverhältnisse wieder in Ordnung kamen.«

Als Betriebsstellenleiter für die Stadtbezirke Mitte und Friedrichshain leitete Horscht die Beseitigung von unterirdischen Sperranlagen, die nach dem 13. August 1961 in die Berliner Kanalisation eingebaut worden waren. Einblick in die Skizzen, in denen die Sperren verzeichnet waren, hat er erst nach der Wende erhalten. »Vorher bin ich an solche Informationen nur bruchstückhaft herangekommen. Und das auch nur auf inoffiziellem Wege.«

Schon bevor die Mauer gebaut wurde, war Berlin eine gespaltene Stadt. Das Fernsprechnetz und die Trinkwasserversorgung, die Lichtkabel und die Gasleitungen waren getrennt. Später, nach Abriegelung der Grenze, wurde bis auf wenige Ausnahmen auch der S-Bahn-Verkehr zwischen den beiden Stadthälften unterbrochen. Nur bei der Abwasserbeseitigung ging das nicht. Abwasser und

Fäkalien scherten sich nicht um politische Grenzen, sondern flossen im Kanalsystem nach dem natürlichen Gefälle. Mal nach Osten, mal nach Westen. Und hier und da auch wieder zurück.

Dieses unterirdische Netz ist im vorigen Jahrhundert nach der Reichsgründung angelegt worden. Vorher liefen Schmutzwasser und Unrat über Gassen, Rinnsteige und offene Gräben in die Spree und deren Seitenarme. 1873 begannen die Bauarbeiten an der Kanalisation nach einem Entwurf des aus Stettin berufenen Baurates James Hobrecht.

Dieser hatte die gesamte Stadtfläche in zwölf voneinander unabhängige Radialsysteme eingeteilt. An möglichst tiefen Punkten errichtete man Pumpwerke, denen Schmutzwasser wie Regenwasser im freien Gefälle durch Tonrohrleitungen und gemauerte Kanäle zufloß. Von dort wurden die Schmutzfluten durch Druckrohre auf Rieselfelder befördert. In dieses ausgeklügelte System einzugreifen, schien auch den Machthabern der DDR nicht ratsam. »Das Abwasser floß immer gesamtberlinisch«, halten die 1992 fusionierten Berliner Wasser Betriebe in einem Rückblick fest.

Das ist freilich nur die halbe Wahrheit. Nachdem es im Herbst 1961, einige Wochen nach dem Mauerbau, fast einhundert DDR-Bürgern gelungen war, durch die Kanalisation vom Bezirk Mitte nach Westen zu entkommen, machte die Staatssicherheit auch die stinkende Unterwelt dicht. An allen Abwässerkanälen, die die Mauer unterquerten, bauten die Grenztruppen auf Weisung ihrer politischen Führung Sperrgitter ein.

Bei schmalen Kanalröhren von weniger als 50 Zentimetern Durchmesser begnügten sie sich mit einer einbetonierten Eisenschiene. In begehbaren, mannshohen Kanälen wurden die Stahlträger im Abstand von 15 bis 20

Zentimetern befestigt. Oft fünf, sechs übereinander. Durch eine solche Barriere hätten sich nur noch Ratten, aber keine Menschen durchzwängen können.

Doch damit nicht genug. Um jede Fluchtmöglichkeit auszuschließen, sicherten Stasi-Spezialisten die Wehre zusätzlich mit Alarmanlagen. Hinter den Eisenschienen zogen sie Kunststoffrohre ein, durch die Kontaktdrähte mit einer Verbindung zum nächsten Wachturm liefen.

»Angenommen«, sagt Johannes Horscht, »jemandem wäre es gelungen, eine Eisenschiene durchzusägen. Dann hätte er das dahinterliegende Rohr umbiegen müssen.« Dies wiederum hätte ein Signal ausgelöst. »Absurd« nennt er den Sicherheitswahn der damaligen DDR-Regenten. Was er beim Umbruch an schriftlichen Unterlagen darüber fand, hat er dem Museum im Friedrichshagener Wasserwerk übergeben.

Zwar entwischte nach dem Einbau der Sperren niemand mehr unter Tage in den Westen. Aber dafür gab es anderen Ärger. An den verengten Durchlässen staute sich allerhand Unrat. Überall fingen sich Lumpen. Die wikkelten sich um die Schienen und verursachten Verstopfungen. Rasch bildete sich ein Rückstau mit der Folge, daß die Schmutzbrühe aus den Kanalschächten herausquoll und Straßen überflutete. Mal auf der einen, mal auf der anderen Seite der Grenze.

»Da mußte natürlich sofort reagiert werden«, sagt Günter Kley, früher manchmal Chef vom Dienst beim Ost-Betrieb. Das gemeinsam genutzte Abwassersystem zwang zur Kooperation. »In der ersten Zeit war das recht unkompliziert.« Man verständigte sich telefonisch über Art und Umfang der Störungen. Später wurden von jeder Seite Beauftragte benannt, die für die Kommunikation sorgten. »Wir hatten in unserer Zentrale in der Stralauer Straße einen Bereitschaftsdienst eingerichtet«, sagt Kley.

»Der war rund um die Uhr besetzt.« Dort war eine besondere Fernschreibleitung nach drüben eingerichtet.

Beauftragter der Wasser Betriebe (West) war Hansjoachim Mahret. 1979 hat der Diplom-Ingenieur den Posten von seinem Vorgänger übernommen. An die hundertmal im Jahr, so erinnert er sich, mußte er mit den WAB-Kollegen Kontakt aufnehmen. »Das füllt einige Ordner.« Spektakuläre Störfälle waren kaum dabei. Rohrschäden, Wasseraustritte, Ausfälle bei Pumpwerken – alles Betriebsroutine. Zwar entwickelten sich via Telefon und Telex keine persönlichen Kontakte über die Grenze. Aber insgesamt gesehen, ging es sachlich und konstruktiv zu.

Auch Wartungs- und Reinigungsarbeiten wurden abgestimmt. Die West-»Kanaler« teilten ihren Ost-Kollegen mit, sie möchten an diesem oder jenem Tag den Wasserstand eines Kanals tief halten. »Das ging problemlos«, sagt Mahret. Auf der anderen Seite hatte die WAB zur Säuberung der Kanäle in Grenznähe eine besondere Brigade gebildet.

Deren Angehörige benötigten einen Grenz-Passierschein. Auch Leiter, die Bereitschaftsdienst machten, brauchten ein solches Papier. Das wurde von der Grenztruppe ausgestellt und in der Funkleitzentrale des Betriebes hinterlegt.

Dietmar Stage war einer von denen, die das Grenzgebiet unter Tage betreten durften. Er ist Melorations-Ingenieur, Jahrgang 1951, seit 1977 »Kanaler«. Die Einsätze mußten bei der »Grenze« angemeldet werden. Soldaten geleiteten die Wasserwerker durch die Tore der inneren Sperranlage zu den Einstiegsluken in die Unterwelt. »Manchmal«, erinnert sich Stage, »waren zehn Mann zur Bewachung da.« Ein anderes Mal habe der Offizier nur gesagt: »Ihr wißt ja Bescheid.« Dann konnte die Reinigungsbrigade ohne Aufsicht arbeiten.

Abhauen konnte ohnehin keiner. Die eingebauten Sperren waren nicht direkt unter der Mauer, sondern etwas zurückgesetzt, in der Nähe zum letzten Schacht. Für besonders heikle Einsätze auf vorgeschobenem Terrain hatten die Grenztruppen eigene Leute. Etwa, wenn sich zwischen Gitter und Grenzlinie etwas festgesetzt hatte, das den Abfluß staute. »Da reichte ein normaler Passierschein nicht aus. Der Mann brauchte ein paar Meter weiterzugehen, dann wäre er weg gewesen.«

Doch es gab auch Abschnitte, wo überhaupt niemand hinkam. Etwa in Staaken. »Es gab da einen Streifen«, sagt Mahret, »da lagen Schächte drin, die zur DDR gehörten und von uns nicht betreten werden durften. Der Kanal lag, vom Westen aus gesehen, vor der Mauer.« Weil die Gefahr einer Flucht offenbar zu groß war, hat sich dort kein Ostler blicken lassen. Weder ein Kanalarbeiter noch ein Grenzsoldat. »An dieser Stelle ist nie gereinigt worden.« 28 Jahre lang.

Die Geheimniskrämerei im Osten hatte schon groteske Züge. »Vom Grenzgebiet hatten wir keine Kanalunterlagen«, sagt Dietmar Stage. »Die waren Verschlußsache und lagen im Panzerschrank.« Pläne zur Arbeit mitzunehmen, wie es heute üblich ist, sei nicht erlaubt gewesen. Aber die älteren »Kanaler« hatten die Lage der Ab- und Zuflüsse im Kopf. Auch gab es einen Kontaktmann zum MfS. »Der hatte so ein Büchlein. Da stand drin, wo die Kanäle hinübergegangen sind.«

Nach dem Mauerbau waren sich die Wasserwerker in West-Berlin keineswegs sicher, daß Ost-Berlin weiter kooperieren würde. »Wir haben uns natürlich überlegt: Was machen wir im Notfall?« sagt Mahret. »Wie reagieren wir, wenn auch die Entwässerung abgeriegelt werden sollte? Das mußte natürlich durchgespielt werden.«

Die eigenen Kapazitäten waren bescheiden. Zum Zeitpunkt des Mauerbaus 1961 gab es nur die Rieselfelder Karolinenhöhe an der Potsdamer Chaussee. Erst 1963 wurde die erste Ausbaustufe des Klärwerkes Ruhleben und 1974 das Klärwerk Marienfelde in Betrieb genommen. Pläne, alle in West-Berlin anfallenden Abwässer auch dort zu reinigen, lagen nicht vor. »Es war nie beabsichtigt, in West-Berlin völlig autark zu werden«, betont Mahret. »Man wollte ganz bewußt die Verbindung aufrechterhalten.«

Das war bei der DDR etwas anders. Anfang der 80er Jahre beschloß der Ministerrat, entlang der innerstädtischen Grenze Pumpwerke zu errichten. Damit wollte man einen großen Teil des nach Westen fließenden Abwassers abfangen und auf eigene Kläranlagen leiten. Hinter dem Plan stand offenbar die Überlegung, harte Devisen zu sparen. Denn für das Abwasser, das nach West-Berlin floß und dort zum Teil gereinigt wurde, mußte Ost-Berlin zahlen. Der Betrag wurde von der Kostenrechnung, die die DDR dem Senat für die Entwässerung präsentierte, pauschal abgezogen, und das schmälerte die Valuta-Einnahmen.

Planung und Bau der Grenzpumpwerke wollte die DDR dem Westen verheimlichen. »Offizielle Informationen hatten wir nicht. Wir haben nur gemerkt, daß von drüben immer weniger kam.« Der Verdacht, daß sich die Ost-Regenten aus der Kooperation lösen wollten, wurde durch konkrete Hinweise bestätigt. »Irgendwann sind Besucher von drüben zu uns gekommen«, erzählt Mahret. »Die haben uns gesagt: Da werden neue Pumpwerke gebaut.«

Die Fachleute vom WAB waren von der Aktion nicht eben begeistert. »Wirtschaftlich war das nicht«, meint Günter Kley rückblickend. »Wir mußten Kanäle umbauen und neue Druckrohrleitungen legen. Das hat einen

Haufen Geld gekostet.« Als die DDR zusammenbrach, waren einige Sonderpumpwerke fertig. Sie wurden schrittweise außer Betrieb genommen. »Die Sache hatte sich erledigt«, sagt der Ex-Beauftragte Mahret.

pp

Der nasse Tod

Am 11. Mai 1975 fiel der fünfjährige Celin Mert beim Spielen in die Spree. Das war lebensgefährlich. Doch was ihn das Leben kostete, war, daß er vom West-Berliner Ufer in ein Ost-Berliner Gewässer stürzte.

Celin war das fünfte Kind, das seit 1966 beim Spielen am West-Berliner Spreeufer in Kreuzberg in den Fluß gefallen war. An dieser Stelle gehörte die Spree damals zu Ost-Berlin. Und jedesmal hatten die DDR-Grenzposten Rettungsversuche von West-Berlin aus untersagt.

Bei Celins Unfall waren West-Berliner Polizei und Feuerwehr vier Minuten nach Eingang des Notrufs am Unglücksort. Was dann geschah, berichtete der Berliner ›Tagesspiegel‹ in nüchternen Worten:

> Während Feuerwehrmänner mit einem Gestänge nach dem Kind suchten, wurde versucht, von der Besatzung eines vorüberfahrenden Bootes der Ost-Berliner Wasserschutzpolizei und von DDR-Grenzposten an der Oberbaumbrücke die Genehmigung zum Tauchen zu erhalten. Sie wurde im ersten Fall ausdrücklich verweigert, im zweiten Fall ging die Ost-Berliner Seite nicht darauf ein. Die Leiche des Jungen wurde dann erst gegen 14 Uhr 15 von DDR-Tauchern geborgen. Die Spezialtaucher der West-Berliner Feuerwehr waren bereits 19 Minuten nach dem Alarm an der Unglücksstelle eingetroffen, aber nicht zur Bergung eingesetzt worden. (›Tagesspiegel‹ vom 13. 5. 1975)

Es ist keineswegs sicher, daß der Junge bei sofortigen Rettungsmaßnahmen von westlicher Seite mit dem Leben davongekommen wäre. Es ist allerdings sicher, daß er keine Chance hatte, nachdem diese Rettungsversuche verweigert worden waren.

Nur zehn Monate vorher war der sechsjährige Giuseppe Savoca fast an der gleichen Stelle auf ganz ähnliche Weise zu Tode gekommen. Auch in seinem Fall hatten die DDR-Grenztruppen den West-Berliner Rettungsmannschaften das Eingreifen verboten. Auch er wurde viel später von DDR-Tauchern geborgen und dann nach West-Berlin überführt, wofür die DDR-Regierung den Eltern 54,50 DM in Rechnung stellte.

Die West-Berliner Öffentlichkeit war über das unmenschliche Gebaren der DDR-Soldaten auf das äußerste empört. Nach dem Tod von Celin Mert kam es in Kreuzberg zu Demonstrationen, bei denen über tausend türkische Bewohner der Stadt ihrem Unmut Luft machten und DDR-Patrouillenboote auf der Spree mit Steinen bewarfen.

Besonders tragisch an dem Tod von Celin und Giuseppe war die Tatsache, daß West- und Ost-Berlin zum Zeitpunkt ihres Todes bereits seit längerem darüber verhandelten, wie Rettungsmaßnahmen in Zukunft auch von West-Berliner Seite aus stattfinden könnten.

Daß solche Verhandlungen überhaupt möglich wurden, war ein Ergebnis der Entspannungspolitik, die 1971 das Viermächteabkommen über Berlin und 1972 der Grundlagenvertrag zwischen der Bundesrepublik Deutschland und der DDR eingeleitet hatten. In früheren Jahren stand die DDR allen Vereinbarungen über Rettungsmaßnahmen ablehnend gegenüber. Sie ließ im September 1966 sogar die letzte bestehende Telefonverbindung zwischen der West-Berliner Hauptfeuerwache zur Ost-Berliner Abteilung Feuerschutz kappen.

Seit dem Frühsommer 1973 führte der Senatsrat Heinz Annußek, der damals für Polizei und Feuerwehr zuständige Unterabteilungsleiter in der Senatsinnenverwaltung, Gespräche über das Thema Rettungsmaßnahmen mit dem Leiter der »Westberlin«-Abteilung des DDR-Außenministeriums, Joachim Mitdank.

Aber die Verhandlungen gestalteten sich zäh, weil die Grundsatzpositionen unvereinbar waren. Mitdank sah die Chance, die tragischen Vorfälle für seine Zwecke zu nutzen. Der Charakter der innerberliner Sektorengrenze als »Staatsgrenze« sollte genauso festgeschrieben werden wie die Zuständigkeit der DDR-Regierung für diese Grenze. Diese Positionen waren für Annußek und die die Verhandlungen koordinierende Senatskanzlei unannehmbar. Auch die Westalliierten, die die Gespräche aufmerksam verfolgten und den Handlungsrahmen von Annußek festlegten, wären darauf aus Sorge um die Wahrung des Viermächtestatus der Stadt nie eingegangen.

Natürlich war DDR-Verhandlungsführer Mitdank klar, daß West-Berlin seine Forderungen nicht erfüllen konnte. Die DDR-Regierung hoffte jedoch, daß der Druck der West-Berliner Öffentlichkeit auf den Senat diesen zu Zugeständnissen bringen würde. Schließlich ging es um das Leben von Kindern.

Die DDR-Regierung andererseits mußte nicht befürchten, von seiten ihrer Bevölkerung in gleicher Weise unter Rechtfertigungszwang zu geraten. In der von Partei und Staat gelenkten Presse tauchten die Meldungen über die Unglücksfälle so neutral auf, daß die Leser nicht wissen konnten, was eigentlich vorgefallen war.

Den Tod des kleinen Giuseppe meldete das ›Neue Deutschland‹ mit folgenden Worten:

> In den Vormittagsstunden des 15. Juni ist ein Westberliner Kind in der Nähe der Oberbaumbrücke vom Westberliner Gröbenufer aus in die Spree gefallen. Durch die zuständigen Organe der DDR wurden zur Rettung des Kindes unverzüglich alle notwendigen Maßnahmen eingeleitet. Trotz des sofortigen Einsatzes eines Dienstbootes und einer Tauchergruppe konnte das Kind nur noch tot geborgen werden. (›Neues Deutschland‹ vom 16. 6. 1974)

Trotz der öffentlichen Erregung fanden die Verhandlungen, die Annußek und Mitdank miteinander führten, in sachlicher Atmosphäre statt. Orte der Gespräche waren abwechselnd das Ministerium für Auswärtige Angelegenheiten der DDR in Ost-Berlin und das Dienstgebäude der Senatsverwaltung für Inneres in West-Berlin. Beide Delegationen bestanden aus jeweils drei bis vier Personen. Auf West-Berliner Seite gehörte ihr auch ein Vertreter der Feuerwehr an. Auf Ost-Berliner Seite gab es ein Delegationsmitglied, das nie das Wort ergriff. Über seine zuständige Behörde machte sich niemand Illusionen.

Etwas persönlicher wurde das Gespräch immer erst nach Abschluß der Verhandlungen, wenn die jeweils gastgebende Delegation die andere zum Auto brachte. Dann war auch die Gelegenheit, kleine Bosheiten auszutauschen. Die DDR-Vertreter schwärmten von den Erfolgen ihrer Sportler, die West-Berliner erzählten von ihrem Urlaub in Portugal.

Die Gespräche zogen sich in die Länge, es wurde hart miteinander gerungen. Immer wieder versuchte die DDR-Seite, ihre Auffassung von der Sektorengrenze als Staatsgrenze durchzusetzen. Darüber hinaus vertraten Mitdank und seine Mitarbeiter die Auffassung, der Westen solle die Grenze von seiner Seite aus sichern. Im übrigen wollte man am West-Ufer Rufsäulen installiert sehen, durch die die östliche Seite auf einen Unfall aufmerksam gemacht werden konnte. Alles weitere sollte dann von Ost-Berliner Seite aus geschehen.

Dagegen die Position von Annußek: Man werde gefährliche Uferböschungen sichern wie überall in West-Berlin, nämlich mit einer Reling, aber »wir werden keine Gegen-Mauer bauen«. Im übrigen sollten durch die Rufsäulen die Behörden in Ost- und in West-Berlin informiert werden. Wer zuerst an der Unglücksstelle sei, sollte berechtigt sein zu helfen.

Es gab keinen festgelegten Verhandlungsrhythmus. Die Seite, die zu Gast war, lud vielmehr die andere Seite zum nächsten Gespräch ein. Je nach »politischer Großwetterlage« zögerte die Ost-Berliner Seite die nächste Einladung hinaus, beispielsweise wenn die West-Berliner Presse sich kritisch mit Vorfällen an der Mauer auseinandergesetzt hatte.

So dauerte es bis zum 29. Oktober 1975, bis die Vereinbarung unter Dach und Fach war. Zwei Jahre nach Aufnahme der Verhandlungen – inzwischen waren zwei weitere Kinder verunglückt – akzeptierte die DDR in gewundenen Formulierungen eine bare Selbstverständlichkeit: Wenn ein Kind ins Wasser fällt, muß man versuchen, es zu retten.

Die Vereinbarung kam in Form eines Briefwechsels zustande. Dieses erlaubte beiden Seiten, von unterschiedlichen Positionen auszugehen. Die DDR (Briefkopf: »Ministerrat der Deutschen Demokratischen Republik – Ministerium für Auswärtige Angelegenheiten«) teilte mit, daß die Regierung damit einverstanden sei, »daß die gemäß Absatz 2 und 3 der Anlage zu diesem Schreiben befugten Personen unter den dort genannten Voraussetzungen und Bedingungen Rettungsmaßnahmen treffen können«.

Der Senat von Berlin (Briefkopf: »Der Senator für Inneres«) bezog sich ausführlich auf das Viermächteabkommen über Berlin und nahm »die praktischen Rettungsmaßnahmen zur Kenntnis«, die im Schreiben Mitdanks vom gleichen Tage mitgeteilt worden waren. Außerdem verpflichtete sich der Senat, die »erforderlichen Vorkehrungen« zu treffen, also Rufsäulen am Spreeufer zu installieren, die optisch und akustisch der anderen Seite einen Wasserunfall anzeigen sollten.

In der Anlage zum Ost-Berliner Schreiben sind alle Bedingungen und politischen Klimmzüge aufgeführt. Fast um jedes Wort hatten Mitdank und Annußek gerungen. Rettungsmaßnahmen konnten nun vom westlichen Ufer aus eingeleitet werden, falls die West-Berliner schneller am Unfallort waren als die Ost-Berliner. Bis zuletzt strittig war die Frage, ob auch Polizei- und Zollbeamte aus West-Berlin zu solchen Maßnahmen befugt waren. Die DDR-Seite war dagegen, mit Feuerwehr und Wasserrettungsdienst hatte sie aber weniger Probleme. Nun war also geregelt, daß »Angehörige der Polizei, des Zolls sowie Privatpersonen von Berlin (West)« Rettungsmaßnahmen einleiten konnten, und zwar »durch das Zuwerfen von Rettungsringen, Leinen u. a. Hilfsmitteln vom Ufer aus«.

Falls diese Maßnahmen nicht zum Erfolg führten oder – und hier hatte Annußek lange stur verhandeln müssen – »erkennbar nicht zum Erfolg führen können«, durften nun die »genannten Personen« auch erste Rettungsmaßnahmen auf den Grenzgewässern durchführen, beispielsweise hinterherspringen. Allerdings hatten sie dazu vorher die Notrufsäule zu betätigen. Also erst zur Notrufsäule laufen und diese betätigen, dann in die Spree springen, um das ertrinkende Kind zu retten. Es war immer noch eine absurde Vereinbarung. Die »in Absatz 2 genannten Personen« (das waren Feuerwehr und Wasserrettungsdienste, nicht die Polizei oder der Zoll) durften für ihre Rettungsmaßnahmen auch Hilfsmittel einsetzen, und zwar »ein Rettungsboot« für den Zeitraum »bis zu 15 Minuten« und mit »bis zu 4 Personen (davon bis zu 2 Taucher)«.

Bis zuletzt strittig war auch die Frage, was mit den geretteten Personen nun geschehen sollte. Die DDR-Unterhändler hatten große Angst, ein als Unfallopfer getarnter Flüchtling könnte auf diese Weise in den Westen gelangen. Sie forderten daher, daß jeder Gerettete zuerst ans Ost-Berliner Ufer zu bringen sei – auch für den Fall, daß die Rettungsaktion schon abgeschlossen war, bevor die DDR-Grenzsoldaten überhaupt an Ort und Stelle eintrafen. Der Westen wollte das natürlich nicht. Den Unfallopfern sollte sofort geholfen und deren unverzüglicher Transport ins Krankenhaus veranlaßt werden. Schließlich erklärten sich Mitdank und seine Delegation dazu bereit, daß Unfallopfer, die von West-Berlin aus gerettet worden waren »sofort nach Berlin (West) transportiert werden« durften – allerdings erst »nach Zustimmung der Organe der DDR«. Wenn die Rettung abgeschlossen war, bevor die »zuständigen Organe« auf der Ostseite überhaupt auftauchten, bestand dann die Möglichkeit, die Verunglückten direkt nach West-Berlin zu bringen.

Auch die Übergabe der Briefe, die in Ost-Berlin stattfand, war Gegenstand eines protokollarischen Kleinkriegs. Schon im Vorfeld hatte Heinz Annußek die Einladung zu einem großen Essen anläßlich des Austauschs der Briefe abgelehnt. Ein solch pompöser Rahmen, ließ er die andere Seite wissen, sei einem Verwaltungsabkommen nicht angemessen. Nun ging es aber noch um die

Frage, in welcher Umhüllung die Briefe übergeben werden sollten. Annußek präsentierte sein Schreiben in einem neutralen Aktendeckel, Mitdank den Brief der DDR-Seite in einer kunstledernen Diplomatenmappe mit Staatswappen. Bei der Vorbesprechung der Zeremonie mit den Alliierten in West-Berlin hatte man das vorausgesehen. Annußek handelte nun genau nach Anweisung der Schutzmächte. Er öffnete die Mappe, besah sich Brief und Anlage, nahm beide an sich – und ließ die Mappe auf dem Tisch liegen.

Nach einem einfachen Mittagessen auf Einladung der DDR-Regierung fuhr die West-Berliner Delegation zurück an den Fehrbelliner Platz. Annußek und seine Mitstreiter waren froh, die Abmachung, die eigentlich nur Selbstverständlichkeiten enthielt, unter Dach und Fach zu haben. Seine Gefühle faßt er 23 Jahre später in einem Satz zusammen: »Es war häufig nur mit großer innerer Anspannung und fast mit Selbstverleugnung möglich, die Sachlichkeit der Verhandlungen durchzuhalten.«

eds

Die Alliierten und das deutsche Recht

»Todesstrafe wegen des Besitzes eines langen Küchenmessers!«

Diese Schlagzeile fand man in der Berliner Presse mehrmals, und der flüchtige Archivbenutzer, der mit der jüngsten deutschen Geschichte nicht vertraut ist, könnte glauben, die Köpfe der Berliner Hobbyköche seien wegen alliierter Willkürherrschaft massenhaft gerollt. Tatsächlich war das natürlich nie der Fall.

Der reißerische Aufmacher wies nur darauf hin, daß man in Berlin theoretisch wegen des Besitzes einer Waffe – und als solche könnte ein veritables Küchenmesser durchaus dienen – hätte zum Tode verurteilt werden können.

Berlin war rechtlich bis zur Wiedervereinigung besetztes Gebiet unter alliierter Militärhoheit. Tatsächlich aber hat das alliierte Recht in Berlin im täglichen Leben nur eine geringe Rolle gespielt.

Viel bedeutender war die Einwirkung der Amerikaner, Briten und Franzosen auf das deutsche Recht. Mit diesen Fragen hat sich Klaus Finkelnburg intensiv beschäftigt. Von 1985 bis 1992 gehörte der promovierte Rechtsanwalt und Notar dem Berliner Abgeordnetenhaus an, wo juristische Angelegenheiten einer seiner Arbeitsschwerpunkte waren.

Die Auseinandersetzungen zwischen Berlin und den Alliierten ließen sich bei aller Verschiedenheit auf einen gemeinsamen Nenner bringen. Es ging um die Frage, ob West-Berlin Teil der Bundesrepublik Deutschland sei oder nicht.

Der Streit wirkte auf den ersten Blick sehr rechtstheoretisch, war jedoch von grundlegender Bedeutung.

Nach alliierter Auffassung war Berlin kein Land der Bundesrepublik Deutschland, sondern ein Stück unmittelbar besetzten Deutschen Reiches unter der Oberhoheit der vier Siegermächte. Auch im Deutschland-Vertrag von 1955 hatten die vier Gewinner des Krieges sich die Verantwortung für Berlin und für Deutschland als Ganzes vorbehalten. Die drei Westmächte hatten allerdings nichts dagegen, daß die Bundesregierung und der Senat von Berlin die westliche Halbstadt behandelten, *als ob* sie ein Bundesland sei, solange sie akzeptierten, daß es juristisch nicht so war. Das klingt paradox. Also noch einmal: West-Berlin war kein Land der Bundesrepublik Deutschland, wurde aber (weitestgehend) so behandelt. Man wollte den »Viermächtestatus« Berlins nicht verletzen, da auf ihm rechtlich die Anwesenheit der Westalliierten in Berlin und ihre Zugangsrechte nach Berlin beruhten.

Immer wieder griffen die Alliierten mit Weisungen (Berlin Kommandatura Order) oder »Empfehlungen« (Berlin Kommandatura Letter) in Politik und Recht des geteilten Berlin ein.

Das zeigte sich in unterschiedlichen Bereichen:

Die West-Berliner verfügten nicht über Bundespersonalausweise, sondern über »Behelfsmäßige Personalausweise«. Die letzten Exemplare laufen erst im Jahr 2000 aus.

Die in Berlin verkauften Briefmarken trugen den Aufdruck »Deutsche Bundespost Berlin« und unterschieden sich dadurch von in Hamburg oder München gekauften Postwertzeichen. Die in Berlin tätigen Postbeamten waren Landesbeamte, wurden aber rechtlich wie Bundesbeamte behandelt.

Die Wasserwege in West-Berlin durften nicht »Bundeswasserstraßen« genannt werden, sondern mußten auf Geheiß der Westmächte als »ehemalige Reichswasserstraßen« bezeichnet werden.

Die West-Berliner waren bei Wahlen zum Deutschen Bundestag nicht teilnahmeberechtigt, die aus Berlin entsandten Abgeordneten waren im Bundestag nicht stimmberechtigt (vgl. die Geschichte »MdB Ost«).

In West-Berlin gab es keine Wehrpflicht und mithin auch keinen Zivildienst.

Und vor allem: Bundesgesetze galten nicht automatisch in Berlin. Sie mußten vielmehr einzeln vom Abgeordnetenhaus noch einmal beschlossen werden.

Diese Gesetzesübernahme, darüber gab es einen generellen Konsens im Abgeordnetenhaus, erfolgte automatisch. Die Schlacht um ein Gesetz wurde in Bonn geschlagen. Auch wenn es dort gegen die wütenden Attakken der Opposition nur mit knapper Mehrheit der Regierungsparteien verabschiedet wurde, stimmten alle Berliner Parlamentarier diesem Gesetz im Abgeordnetenhaus kommentarlos zu. (Als die Alternative Liste, die Vorläuferpartei von Bündnis90/Die Grünen in Berlin, dieses Verfahren einmal in Frage stellte, gab es einen Aufschrei des Entsetzens in der Stadt.)

Durch diese Gesetzesübernahme war dem alliierten Vorbehalt bezüglich des Status von West-Berlin Genüge getan. Das vom Abgeordnetenhaus beschlossene Gesetz war nach Auffassung der Alliierten ein Landesgesetz, auch wenn es mit dem entsprechenden Bundesgesetz identisch war. Nach Auffassung der deutschen Seite handelte es sich um ein auch für Berlin geltendes Bundesgesetz.

Genau hieran entzündete sich auch der jahrelange Streit über ein Landesverfassungsgericht. Die wichtigste Aufgabe eines Verfassungsgerichts ist die Normenkontrolle, das heißt, die Überprüfung, ob ein Gesetz mit der Verfassung vereinbar ist. Welche Gesetze sollten nun aber einer solchen Normenkontrolle durch ein Berliner Verfassungsgericht unterliegen? Die Alliierten waren der Auffassung, alle vom Abgeordnetenhaus beschlossenen Gesetze, also auch die übernommenen Bundesgesetze, müßten vom Berliner Gericht überprüft werden können. Doch andere Landesverfassungsgerichte haben diese Kompetenz aus gutem Grunde nicht, da sonst die einheitliche Rechtslandschaft zerstört werden könnte. Auch die Berliner befürchteten, daß dies die Rechtseinheit mit dem Bund gefährden könnte. Es wäre ja nicht auszuschließen, daß das Berliner Verfassungsgericht ein übernommenes Bundesgesetz ganz oder in Teilen für verfassungswidrig erklären würde.

Dies war eine skurrile Situation: Die besetzten West-Berliner verlangten von den Besatzungsmächten weniger Vollmachten, als diese ihnen geben wollten. Die Besatzungsmächte wiederum waren nicht bereit, die Vollmacht für ein Verfassungsgericht nur partiell zu erteilen. Das Ergebnis: Es geschah überhaupt nichts, und bis 1992 hatten ein Berliner Bürger oder ein Organ des Landes Berlin keine Möglichkeit, ein Landesverfassungsgericht anzurufen. Übrigens war auch das Bundesverfassungsgericht nicht für Berlin zuständig. Die Alliierten ließen dies mit Rücksicht auf den Viermächtestatus nicht zu.

Erst nachdem durch die Vereinigung Deutschlands Berlin ein normaler Teil dieses Staates wurde, war der Weg für ein solches Gericht frei.

Im Mai 1992 war es soweit. Das Berliner Abgeordnetenhaus wählte die Verfassungsrichter und nahm seine Arbeit auf. Gründungspräsident wurde Klaus Finkelnburg. Unter dieser Funktion darf man sich in Berlin allerdings keinen lukrativen Job vorstellen. Alle neun Mitglieder des Landesverfassungsgerichts üben ihre Tätigkeit im Nebenamt aus. Und da sie alle einer anderen Berufstätigkeit nachgehen, treffen sie sich einmal monatlich um 19 Uhr zu ihren Sitzungen. Klaus Finkelnburg hat das Amt dennoch gerne übernommen. Vor allem reizte ihn, ein Stück Rechtsprechung gestalten zu können.

Das Verfassungsgericht bezog Räume im Berliner Kammergerichtsgebäude.

Dieses Haus ist historisch belastet wie kaum ein anderes in Berlin. Hier hatte nach dem Krieg der Alliierte Kontrollrat für Deutschland, also die Regierung der Besatzungsmächte, seinen Sitz, bis er 1948 auseinanderbrach. In diesem Haus wurde der Kriegsverbrecherprozeß, der dann im weiteren in Nürnberg stattfand (und daher auch der Nürnberger Prozeß heißt), eröffnet. Hier befand sich nach dem Krieg und bis zur deutschen Vereinigung die Alliierte Luftsicherheitszentrale, die alle Flüge von und nach Berlin abfertigte. In dem Gebäude am Kleistpark tagten 1954 die alliierten Außenminister, und hier wurde 1972 das Viermächteabkommen über Berlin, ein Grundstein der Entspannungspolitik, unterzeichnet. Aber vor allem anderen:

Hier hatte nach dem 20. Juli 1944 zeitweilig der berüchtigte Volksgerichtshof des nationalsozialistischen Regimes getagt. Und im selben Saal, in dem heute das Berliner Landesverfassungsgericht Recht spricht, hatte Roland Freisler zahlreiche Todesurteile gefällt.

Kann man in einem solchen Haus, in einem solchen Saal die Berliner Verfassung auslegen und schützen? Klaus Finkelnburg hat diese Frage bejaht. Die Schandtaten der Justiz des Dritten Reichs sollten nicht ins Museum abgedrängt werden. Gerade dort, wo Unrecht gesprochen wurde und die Terrorprozesse stattfanden, sollte die Verfassung eines demokratischen Gliedstaates eines rechtsstaatlichen Landes geschützt werden.

Allerdings machte der neue Präsident zur Bedingung, daß in dem Raum eine Erinnerungstafel angebracht werden sollte. Erst als diese hing, nahm der Berliner Landesverfassungsgerichtshof dort seine Arbeit auf. Ihr Text lautet:

»In diesem Saal führte der nationalsozialistische Volksgerichtshof nach dem 20. Juli 1944 Schauprozesse gegen Männer und Frauen des deutschen Widerstandes. Der Vorsitzende, Roland Freisler, demütigte und verhöhnte die Angeklagten. Mehr als hundert von ihnen verurteilte der Volksgerichtshof hier und an seinem Sitz in der Bellevuestraße zum Tode«

Dann folgen die Namen von 106 Verurteilten.

Die Tafel erinnert auch daran, daß die Leidensgeschichte Berlins nicht erst mit der Teilung der Stadt begann.

eds

Als der Genosse Stadtbilderklärer zustieg

Es passierte bei der Rast am Treptower Park. Während die Besucher aus dem Westen im Ausflugslokal »Zenner« saßen, entschloß sich ein Mann aus dem Osten zur Flucht. »Einer unserer Omnibusse hatte keine Kofferräume. Er war unten hohl«, erzählt Gerhard Stamm. »Irgend jemand muß das wohl spitzbekommen haben.« Unbemerkt vom Fahrer kroch er unter das Fahrzeug und hängte sich ins Gestänge.

Am Grenzübergang war für den blinden Passagier die Fahrt zu Ende. Soldaten entdeckten ihn, holten ihn heraus und führten ihn ab. »Bei meinen Erfahrungen mit der DDR hätte ich gedacht, den Bus siehst du 14 Tage nicht wieder«, sagt Stamm. »Und unseren Fahrer auch nicht.« Aber es kam anders. Nach einer dreiviertel Stunde durfte der Chauffeur samt Passagieren weiterfahren. »Ich bin nie offiziell auf diesen Sachverhalt angesprochen worden, auch nicht bei meinen regelmäßigen Vertragsverhandlungen.«

Mehr als 20 Jahre lang hat Stamm immer wieder mit dem DDR-Reisebüro gefeilscht, um Preise und Konditionen für Stadtrundfahrten in Ost-Berlin festzulegen. »Ich war drüben bekannt wie ein bunter Hund«, sagt der Geschäftsführer von Severin + Kühn und BayernExpress. »Die kannten mich alle, auch an der Grenze. Das lag sicher mit daran, daß ich sehr lange im Geschäft war.«

Touristische Busfahrten von West- nach Ost-Berlin hat es bereits in den 50er Jahren gegeben. »Man fuhr durchs Brandenburger Tor, machte seine Runde Unter den Linden entlang bis zum Alex und kam über die Friedrichstraße wieder zurück. Und unsere eigenen Fremdenführer haben auch im Osten kommentiert.« So haben es ihm, der erst 1968 nach Berlin kam, die alten Hasen unter den Mitarbeitern erzählt.

Dann kam der 13. August 1961, und mit den problemlosen Durchfahrten war erst mal Schluß. Aber nicht lange. Noch im selben Jahr ließ die DDR West-Busse an den Mauerdurchlässen passieren, wenn auch nicht mehr ohne Kontrolle. Und kassiert wurde auch, von jedem einzelnen Passagier. »Mitarbeiter vom staatlichen Reisebüro stellten sich an der Grenze auf und verlangten einen Obolus«, sagt Stamm. »Es war ein lächerlicher Betrag, eine Mark oder eins fünfzig.« Zunächst jedenfalls.

Die Touristen, die es für ein, zwei Stunden in die »Hauptstadt der DDR« zog, waren überwiegend Ausländer und Bundesbürger, die einen Reisepaß benötigten. West-Berliner, die frühzeitig einen Passierschein beantragt hatten, durften später ebenfalls mitfahren. Visumgebühren wurden nicht erhoben, auch vom Pflichtumtausch waren die Besuchsfahrer befreit. Für ihre Touren durch die Mauer konnten sie zwischen drei ortsansässigen Anbietern wählen. »Durch die unterschiedlichen Abfahrtsstellen in West-Berlin ergab sich eine natürliche Marktaufteilung.«

»Als die drüben merkten, daß die Sache läuft, haben sie Verträge abgeschlossen, Jahr für Jahr neu, bis zum Ende der DDR.« Das war anfangs ziemlich knifflig, denn die DDR kassierte nicht mehr von den Reisenden direkt, sondern verlangte Zahlung von den West-Berliner Unternehmern. Das hatte auch einen praktischen Grund. »Irgendwann haben die Funktionäre gemerkt, daß sie von ihren eigenen Leuten betrogen werden«, erzählt Stamm. »Dann wurden eben nur 17 Passagiere angegeben, obwohl es in Wirklichkeit 30 waren.«

Das neue Verfahren erwies sich als fürchterlich kompliziert. »Am liebsten wäre denen gewesen, wir wären mit einer Aktentasche voller Geld gekommen«, sagt Stamm. Aber das war vom Westen aus untersagt. »Es wurde dann mit Zustimmung der Landeszentralbank ein Interzonen-Verrechnungskonto eingeführt, im Rahmen der Vorschriften, die die Westalliierten noch zur Blockadezeit erlassen hatten.« Bei jedem neuen Kontrakt wurde genau festgelegt, auf welches Valuta-Konto die Gebühren zu überweisen waren.

»Als ich 1968 anfing, waren es sechs oder sieben Mark«, sagt Stamm. Ende der 80er Jahre kassierte die DDR pro Person 19 DM. Geld, das sie nur für den Einsatz ihrer Fremdenführer verlangte. »Sie waren sich ihrer Monopolstellung zunehmend bewußt, und das haben sie uns in ihrer Preisgestaltung spüren lassen.«

»Wir sind pro Tag vier-, fünfmal gefahren«, sagt Gerhard Stamm. Hauptabfahrtstermine waren 10 und 14 Uhr. »Die klassische Ost-Berlin-Fahrt dauerte drei Stunden, davon eine halbe Stunde bis zum Übergang und genauso lange zurück. Bis zur Grenze saß unser West-Guide im Bus. Dort ist er ausgestiegen und hat unseren nächsten, aus dem Osten kommenden Bus zurückbegleitet. Dann ist der Genosse Stadtbilderklärer oder die Kollegin Stadtbilderklärerin eingestiegen und hat das Mikrophon in die Hand genommen.«

Die vom DDR-Reisebüro bestellten Führer waren bemüht, die Entwicklung Ost-Berlins so positiv wie möglich darzustellen, Übertreibungen aber zu vermeiden. Sie erzählten etwas von niedrigen Mieten, dem Wohnungsbauprogramm und den sozialen Errungenschaften. »Aber es gab auch welche, von denen sagten unsere Fahrer: Das sind die Hundertfünfzigprozentigen. Mit denen fahren wir nicht gerne. Da werden die Leute sauer, denn so dick darf man nicht auftragen. So weit darf die Übertreibung nicht gehen.«

Kontrolliert wurde bei der Ein- und Ausreise. Westliche Zeitungen und Zeitschriften einzuführen war untersagt. Manchmal durften die Fahrgäste im Bus sitzen bleiben, manchmal mußten sie aussteigen. Das hing vom Wohlwollen der Grenzer und von der politischen Großwetterlage ab. »Es gab Phasen, da wurde bewußt schikaniert«, sagt Stamm. »Das wurde von oben angeordnet.« Etwa, wenn in West-Berlin der Bundespräsident gewählt wurde und die DDR darin einen Verstoß gegen den Status der Stadt erkannte.

Die Routen wurden vom Osten festgelegt. »Auf jeden Fall haben die Volkspolizei und die Staatssicherheit mitgewirkt«, sagt Stamm. Bei jeder Tour wurde ein Stop eingelegt. »Weil jeder mal ein menschliches Bedürfnis erledigen mußte.« Eingebürgert hatte sich dafür die Gaststätte »Zenner« in Treptow. »Da traf sich alles. Unsere Fahrer hatten ihren festen Tisch. Die duzten sich auch mit den Fremdenführern. Und wir wußten aus den internen Schnacks, was drüben los war, genauso wie der Osten sicher wußte, was bei uns anlag.«

»In Spitzenjahren haben wir 120 000 bis 130 000 Leute befördert«, berichtet der Reisemanager. Gute Jahre waren vor allem die 80er. Da erlebte West-Berlin gerade einen Tourismusboom, und davon wollte auch die DDR profitieren. »Bei den Verhandlungen haben sie versucht, ihre Leistungen aufzumotzen. Irgendwann wollten sie uns unbedingt die Weiße Flotte aufdrängen. Natürlich nicht das Ticket für 75 Pfennige, sondern mit Menü an Bord für 20 D-Mark. Da mußten wir einen Riegel vorschieben.«

Bei einer anderen Verhandlung wartete das DDR-Reisebüro mit dem Vorschlag auf, in einem der Valutahotels eine Antiquitätenausstellung für die West-Besucher zu arrangieren. Mit der Möglichkeit, das eine oder andere alte Stück zu erwerben. »Ich hatte bei diesem Angebot kein gutes Gefühl«, sagt Stamm. »Heute weiß ich natürlich, daß Alexander Schalck-Golodkowski dahintersteckte.« Stamm hat die Offerte mit dem Argument abbiegen können, die Leute wollten möglichst viel von Ost-Berlin sehen, und da bleibe für eine solche Programmeinlage zu wenig Zeit.

Umgekehrt wollte Stamm seinen Kunden einen Blick vom Fernsehturm verschaffen. Das wurde abgelehnt, weil die Kapazität angeblich nicht ausreichte. »In Wahrheit wollten sie vermeiden, daß eine Busladung von Westlern an der Schlange der DDR-Bürger vorbei im Fahrstuhl nach oben gebracht wurde, dort eine Stunde Kaffeepause machte, wieder nach unten kam, und die armen Sachsen standen immer noch da.«

In den 80er Jahren, als die »roten Preußen« ihre eigene Geschichte entdeckten und aus »König Friedrich II.« wieder den »Großen« machten, schlug Stamm seinen Partnern vor, eine Tour zu den klassischen Berliner Friedhöfen einzurichten. Eine Variante für Touristen, die die Standard-Stadtrundfahrt schon einmal absolviert hatten. Dabei nannte er unter anderem den Jüdischen und den Invalidenfriedhof. »Ich weiß noch, wie sie sich meine Wünsche aufgeschrieben haben, aber die Brisanz hatten sie wohl nicht erkannt.«

»Beim nächsten Besuch bin ich wieder darauf zurückgekommen. Da haben sie mir sonstwas erzählt, warum das nicht geht. Sie hätten nicht genügend Fachleute dafür. Und ich wüßte doch, wie qualifiziert im Gegensatz zum Westen die Ausbildung der Stadtbilderklärer in der DDR sei.« Das seien alles studierte Leute, keine abgebrochenen Studenten wie in West-Berlin. »Damit«, sagt Stamm, »war meine Friedhofstour gestorben.«

pp

Der Besuchsbeauftragte

»Wir bieten West-Berlin so viel an, und der Senatsrat Kunze überhört es einfach«, beklagte sich Erich Honekker einmal bei einem Getreuen.

Senatsrat Kunze – dieser Mann war eine Institution im geteilten Berlin. Er bekleidete die Funktion des Beauftragten des Senats von Berlin für den Reise- und Besucherverkehr. In dieser Eigenschaft verhandelte er mit der DDR die Durchführung der Regelungen, die es ermöglichten, die Mauer wenigstens in eine Richtung – von West nach Ost – durchlässig zu machen.

Rund 170 der insgesamt 204 Sitzungen hat Kunze absolviert, immer abwechselnd im Rathaus Schöneberg in West-Berlin und im Außenministerium der DDR in Ost-Berlin. Seine Verhandlungspartner waren zuerst Joachim Mitdank und ab 1978 Walter Müller. Beide waren im Botschafterrang und stammen aus Leipzig. Kunze ist in der Nähe von Dresden geboren und aufgewachsen. Die Verhandlungen waren also ein »sächsisches Geschäft«. »Aber«, warnt Gerhard Kunze, »man sollte Sachsen nicht nach der Sprache beurteilen.« Von landsmännischer Gemütlichkeit war nämlich bei den Treffen nichts zu spüren. Alle Sitzungen verliefen äußerst höflich-korrekt. Ein Gespräch über den Urlaub oder die Kinder kam in 17 Jahren regelmäßiger Treffen nicht zustande. Kunze wollte das auch nicht. Für ihn waren seine Verhandlungspartner Repräsentanten eines Regimes, das bis 1989 an der Mauer schoß und tötete.

An Gesprächsstoff war in den Sitzungen kein Mangel. Neben den Konflikten in der Sache gab es dabei auch solche in Fragen der Zuständigkeit. Gerhard Kunze war

Besuchsbeauftragter. Für alle anderen Fragen, die West-Berlin einerseits und Ost-Berlin und die DDR andererseits beschäftigten, war er nicht zuständig und wollte es auch nicht sein. Alles, was mit Grenzzwischenfällen und dem Status der Stadt zu tun hatte, war Sache der Alliierten. Liebend gerne hätte es die DDR gesehen, wenn West-Berlin darüber selbst Gespräche geführt hätte. Dies hätte ihre Auffassung von West-Berlin als »selbständiger politischer Einheit« unterstützt. Aus diesem Grund wollte die östliche Seite in Berlin-Fragen auch die Ständige Vertretung der Bundesrepublik Deutschland nicht einbeziehen. Der Berliner Senat hatte andererseits großes Interesse daran, deutlich zu machen, daß Berlin (West) zumindest faktisch ein Bundesland war.

So kam es immer wieder zu Situationen, in denen Mitdank und später Müller dem West-Berliner Besuchsbeauftragten Schriftstücke überreichen wollten, die dieser nicht annahm. Oft ging es dabei um »Dokumentationen« und Proteste, die mit »Anschlägen auf die Staatsgrenze der DDR« zu tun hatten. Diese »Anschläge« waren in aller Regel harmlos: Ein Betrunkener warf seine leere Bierbüchse über die Mauer, Touristen beschimpften die DDR-Grenzposten, Jugendliche fuchtelten mit einem Luftgewehr.

Umgekehrt verweigerten die DDR-Verhandlungsführer die Entgegennahme von Listen mit Personen, die an den Sektorengrenzen zurückgewiesen worden waren beziehungsweise die in den Besucherbüros keine Einreisegenehmigung erhalten hatten. Dies sei eine souveräne Entscheidung der DDR, hieß es, die nicht zur Disposition des Berliner Senats stünde und die man auch nicht begründen müsse.

Kunze und seine Gegenspieler hatten im Laufe der Zeit ein Verfahren der Nichtannahme von Dokumenten entwickelt. Der eine hielt die Schriftstücke dem anderen hin. Der antwortete: »Sie wissen doch, daß ich diese Dokumente nicht annehmen kann.« Dann legte der eine sie in die Mitte des Tisches und ließ sie dort liegen. Die Schriftstücke spielten während der Sitzung keine Rolle mehr. Anschließend verließen die Verhandlungsdelegationen den Raum, die Dokumente blieben auf dem Tisch. Natürlich übergab immer die Seite, die bei der anderen zu Gast war. Es ist sehr unwahrscheinlich, daß die Sachen anschließend von der Putzfrau beseitigt wurden.

Kunze war gegenüber seinen DDR-Partnern in einer Hinsicht im Nachteil. Das Ministerium für Staatssicherheit hatte mehrere Agenten so plaziert, daß man in Ost-Berlin über die West-Berliner Strategien bestens informiert war. Der (West-)Leiter eines Besucherbüros war genauso ein Stasi-Spitzel wie einige Mitglieder des Abgeordnetenhauses und mit dem FDP-Politiker William Borm sogar ein Mitglied des Deutschen Bundestages. Die Abgeordneten ließen sich immer in die Parlamentsausschüsse für innerdeutsche Beziehungen wählen und saßen so an der Quelle. Aber auch eine Verwaltungsmitarbeiterin der Senatskanzlei, über deren Schreibtisch die Vor- und Nachbereitungen der Senatssitzungen gingen, lieferte regelmäßig Rapport nach Ost-Berlin.

Als Gerhard Kunze nach seiner Pensionierung die Zeit fand, die Akten der Gauck-Behörde durchzuschauen, fand er nicht nur viele seiner Protokolle und Vermerke wieder, sondern auch mehrere Abschriften von Telefonaten, die er geführt hatte.

Daß das Telefon abgehört wurde, hat ihn allerdings nicht überrascht. Kunze nutzte diese Möglichkeit sogar, um seine Meinung deutlich kundzutun, die er in den Verhandlungen oft hinter Floskeln verbergen mußte.

Ein Streitpunkt zwischen Ost und West waren in den ersten Jahren die fünf Besucherbüros in West-Berlin. Immer wieder versuchte die DDR, deren Kompetenz auszuweiten und sie zu einer Art DDR-Konsulat zu machen. Schon in den Verhandlungen um ihre Einrichtung war eine zentrale Frage, wer das Hausrecht dort ausübe. Kunze bestand darauf, daß dies nur die West-Berliner Seite sein könne – und setzte sich damit auch durch.

Als 1987 die Mehrfachberechtigungsscheine eingeführt wurden, entstand für den Senat ein zusätzliches Problem. Prinzipiell wurde die Einführung dieser Mehrfachberechtigungen sehr begrüßt. Der Schein hatte ab 1988 eine Gültigkeit von sechs Monaten. Man konnte sich nicht nur mehrere Besuchstermine im voraus eintragen lassen, sondern auch spontan zu einem Besucherbüro fahren und sich für denselben Tag eine Einreisegenehmigung holen. Dazu stempelten die DDR-Angestellten im Besucherbüro ein mit dem entsprechenden Datum versehenes Feld auf dem Schein ab. Dieses Stempeln war allerdings ein Hoheitsakt der DDR in West-Berlin, den man bisher vermieden hatte. Gerhard Kunze wollte dagegen angehen und erhielt von seinen Vorgesetzten auch grünes Licht – allerdings unter der Bedingung, daß er den Besucherverkehr nicht zum Erliegen bringen würde. Kunze wußte, daß dies unmöglich war. Selbstverständlich würde die DDR jede Zurückweisung ihrer neuen Praxis mit einem zumindest vorübergehenden Stop ihrer Tätigkeit in den Besucherbüros beantworten. Kunze sah schon die Schlagzeilen vor sich: »Senat boykottiert Besucherverkehr.« Er mußte die neue Stempelpraxis also hinnehmen, sann aber auf einen Ausweg. Im Gespräch mit seinen Mitarbeitern entwickelte er die Strategie: Wenn die DDR stempelt, stempeln wir auch. Er ließ einen Stempel des Büros für Besuchs- und Reiseangelegenheiten entwerfen und überlegen, worauf der Stempel angebracht werden könnte. Verwirklicht wurde das Projekt nie, weil die für die Stempelführung zuständige Senatsverwaltung für Inneres einen Stempel des Besucherbüros nicht genehmigte.

Aber die Auseinandersetzung wirft ein Schlaglicht auf die vergiftete Atmosphäre zwischen West und Ost, die die Stadt natürlich belastete.

Auf über 600 Buchseiten hat Gerhard Kunze seine Erfahrungen zusammengefaßt. Einen besseren Dokumentaren hätte es nicht geben können. Ab der ersten Passierscheinvereinbarung von 1963 war Kunze mit dem Thema befaßt, ab der zweiten Vereinbarung 1964 war er an den Verhandlungen beteiligt. Aber er verließ sich nicht nur auf sein Gedächtnis. Akribisch hat Gerhard Kunze die Akten ausgewertet, auch die der Gegenseite, die nach der deutschen Vereinigung zugänglich waren.

Der Titel des Buches klingt spröde: ›Kontakte und Verhandlungen zwischen dem Land Berlin und der Regierung der DDR 1949–1989‹, der Inhalt ist es keineswegs. Manche Einzelheit illustriert die ganze Absurdität der Situation.

So wollte die DDR beispielsweise unbedingt die Vereinbarungen mit West-Berlin, die in Folge des Viermächteabkommens im Dezember 1971 geschlossen wurden, im Wortsinne besiegeln. Der zweite deutsche Staat, immer auf der Suche nach internationaler Anerkennung, wollte damit den Anschein eines völkerrechtlichen Vertrages erwecken.

Gerhard Kunze empfahl dem Senatsverhandlungsführer Ulrich Müller, diesem Anliegen zuzustimmen, weil er darin eine Chance sah, den Vertragstext zu ergänzen und zu berichtigen. Dort war nämlich immer nur vom »Senat« die Rede, nie korrekt vom »Senat von Berlin«. Wegen des zwischen Ost und West strittigen Status von Berlin war diese Formulierung bei der DDR-Regierung nicht durchsetzbar gewesen. Das West-Berliner Siegel lautete jedoch »Senat von Berlin«. Kunze wollte Tatsachen schaffen. Er wies seine Mitarbeiter an, das Siegel so schnell aufzudrücken, daß die DDR-Vertreter die Prägung gar nicht bemerkten. Um das Siegelwachs in der entsprechenden Geschwindigkeit erhitzen zu können, kauften die West-Berliner Beamten extra einen elektrischen Spezialkocher. »So hat das Recht die Politik korrigiert«, erinnert sich Gerhard Kunze an den Vorfall.

Es sind diese kurzen Kommentare, die hinter dem korrekten Beamten den politisch denkenden Menschen sichtbar machen, der sich leidenschaftlich für Berlin eingesetzt hat, weil er sich mit der deutschen Teilung nicht abfinden wollte.

Detailliert beschreibt Kunze den Gebietsaustausch, den es in drei Fällen (1971, 1972 und 1988) zwischen West-Berlin und der DDR gegeben hat. West-Berlin tauschte unbebaute Flächen, die von DDR-Gebiet umschlossen waren, gegen solche, die den Zugang zu Exklaven ermöglichten oder das Stadtgebiet vergrößerten. Am wichtigsten war sicherlich der erste Gebietsaustausch, durch den der Ortsteil Steinstücken mit ca. 180 Einwohnern einen direkten Zugang zum übrigen West-Berlin bekam.

Insgesamt erhielt West-Berlin mehr Fläche als es abgab, wofür es Ausgleichszahlungen an die DDR leisten mußte. Für Gerhard Kunze war dieser Handel eindeutig positiv. West-Berlin wuchs um knapp 22 ha. »So wurde der NATO-Schutzbereich auf friedliche Weise erweitert«, resümiert Kunze dieses Geschäft.

Obwohl Gerhard Kunze an den Verhandlungen von Anfang bis Ende mitgewirkt hat, lernte er durch das nachträgliche Studium der Ost-Berliner Akten Neues, vor allem über das Ausmaß des Einflusses, den die herrschende Partei SED auf den Staatsapparat ausübte. Jeder Schritt des DDR-Außenministeriums mußte vorab von der Partei genehmigt werden, selbst jeder Gesprächstermin bedurfte der vorherigen Billigung.

»Schild und Schwert« der SED war der Staatssicherheitsdienst der DDR. Er war auch zuständig für den Reise- und Besucherverkehr. »Der Staatssicherheitsdienst war der Produzent, das Ministerium für Auswärtige Angelegenheiten nur der Verkäufer«, faßt Kunze seine Erkenntnisse zusammen.

Zwar hatte niemand in der Senatskanzlei geglaubt, daß die Ost-Berliner Bediensteten der Besucherbüros wirklich von der DDR-Post kamen, wie sie behaupteten, aber daß sie Teil einer 400 Mann starken Stasi-Einheit waren, konnte Kunze sich nicht vorstellen. Ungefähr 70 Angehörige dieser Stasi-»Arbeitsgruppe XVII« waren in den Besucherbüros eingesetzt, die anderen waren damit beschäftigt, deren Erkenntnisse auszuwerten, sie mit Informationen zu versorgen und ihnen auch in Ost-Berlin eine Legende zu beschaffen und aufrechtzuerhalten. Niemand im Osten sollte wissen, wo sie wirklich tätig waren.

Alle West-Berliner Anträge auf Einreise nach Ost-Berlin und in die DDR wurden von der »AG XVII« ausgewertet, man suchte nach »interessanten Personen«, die man eventuell anwerben oder abschöpfen konnte. Über die West-Berliner Mitarbeiter dieser Besucherbüros existierten DIN-A4-große Karteikarten, die jeweils auf den neusten Stand gebracht wurden, wenn die »Bediensteten der DDR« abends mit frischen Erkenntnissen nach Hause kamen. Um sich von der anstrengenden Arbeit an der »unsichtbaren Front« entspannen zu können, standen alleine dieser Arbeitsgruppe mehrere Erholungsheime sowie ein Schulungs- und Erholungsheim zur Verfügung. Sie hatten eine eigene Einkaufsstelle und erhielten einen Teil ihres Gehaltes in Gutscheinen, die sie gegen Westwaren einlösen konnten.

Auf lange Sicht haben alle diese Bemühungen der Machthaber in der DDR nichts gefruchtet. 44 Millionen Besuche haben von 1963 bis 1989 von West-Berlin nach Ost-Berlin und in die DDR stattgefunden. Dahinter steht ein Mehrfaches an Kontakten und Verbindungen, denn man kann davon ausgehen, daß jeder Westbesucher mit mehreren Ost-Berlinern oder DDR-Bürgern ins Gespräch gekommen ist.

»Das war«, sagt Gerhard Kunze, »der große Beitrag, den West-Berlin zur deutschen Einheit geleistet hat.«

eds

Die Russen am Gashahn

Man könnte denken: Langweiliger geht es nicht. Da verabschiedet sich ein Mensch in den Ruhestand und wird mit Worten gewürdigt wie: »Er hat sein Leben der Gasversorgung unserer Stadt gewidmet.«

Aber Vorsicht: Jan-Derk Aengeneyndt, der 31 Berufsjahre bei der Berliner GASAG, dem lokalen Gasversorger verbracht hat, könnte Tage aus seinem Leben mit Schlagzeilen beschreiben wie diesen:

»Juli 1985: Streng geheim: Die DDR-Grenztruppen öffnen die Mauer!«

oder:

»Oktober 1985: Geschafft – der Molch ist im Westen!«

oder auch:

»1992: Russengas unterm Glockenturm!«

Natürlich würde der promovierte Ingenieur sich nie solch plakativer Äußerungen bedienen, aber die Geschichten dazu kann er erzählen. Wie vieles in Berlin war auch die Gasversorgung ein Spiegelbild der komplizierten politischen Verhältnisse.

Bis zum Beginn der Berliner Blockade 1948 gab es eine einheitliche Gasversorgung, die durch sechs Gaswerke sichergestellt wurde. Dort, in den Gasanstalten, wurde Stadtgas zum Kochen, zur Warmwasserbereitung, für Gewerbe und Industrie und für die Straßenbeleuchtung hergestellt. Der Grundstoff war Kohle, der in einem physikalisch-chemischen Verfahren bei hoher Temperatur das Gas entzogen wurde, wodurch Koks übrig blieb.

Als die Sowjets im Juni 1948 begannen, die Westsektoren Berlins zu blockieren, kam auf dem Landweg auch keine Kohle mehr in die Stadt. Jeder Zentner des wertvollen Materials mußte vielmehr eingeflogen werden, über eine Million Tonnen insgesamt. Die Westalliierten sahen natürlich nicht ein, daß das aus dieser Kohle hergestellte Gas in den Osten strömte und befahlen eine Unterbrechung der Leitungen zwischen West und Ost. Die einheitliche Gasversorgung der Stadt war damit unterbrochen und blieb es auch über das Ende der Blockade 1949 hinaus.

West-Berlin war in bezug auf Gas (und auch Strom) nun ein Selbstversorger, auch wenn die Herstellung des Gases zunehmend nicht mehr aus Kohle, sondern aus Mineralölprodukten, überwiegend aus Leichtbenzin, erfolgte.

Schon Mitte der 50er Jahre wurde in Europa eine andere Gasart bevorzugt, die man nicht erst produzieren mußte und die darüber hinaus einen wesentlich höheren Brennwert hatte: Erdgas.

Erdgas hatte einen weiteren Vorteil. Man konnte es zum Heizen verwenden. Das war zwar technisch auch mit Stadtgas möglich, aber solange Gas produziert werden mußte, war man darauf angewiesen, jeden Tag, sommers wie winters, ungefähr eine gleich große Menge herzustellen. Im Sommer heizte natürlich niemand, so daß das Gas dann nicht abgenommen werden konnte. Erst mit Erdgas konnte man eine gleichmäßige Versorgung auch mit Heizgas einwandfrei sichern. Man mußte nur die Ventile weiter öffnen oder eben nicht.

Einer der großen Lieferanten dieses Erdgases war die Sowjetunion, mit der die Ruhrgas AG seit den 70er Jahren mehrere Verträge zum gegenseitigen Vorteil geschlossen hatte: Die Ruhrgas AG finanzierte der UdSSR den Ausbau der Leitungen nach Westeuropa, den diese dann mit Erdgas, das durch diese Rohre strömte, bezahlte. Und schon 1981 hatte man sich geeinigt, West-Berlin als Abnahmegebiet eines solchen Handels einzubeziehen. Die ökonomischen und ökologischen Vorteile waren unübersehbar: Erdgas ist billiger, und die Emissionen entstehen nur bei der Verbrennung des Gases, nicht aber schon bei seiner Produktion. (Daß die vielen Lecks im Leitungssystem in der UdSSR dann doch zu Umweltschäden auf dem Transportweg führten, ist ein anderes Kapitel.)

Doch der Lieferant Sowjetunion rührte an einem Nerv. Die Blockade Berlins war zwar über 30 Jahre her, aber sie war im öffentlichen Bewußtsein präsent. Als Konsequenz hatte West-Berlin sich große Vorräte an Lebensmitteln, Kohle, Benzin, Öl und allem, was der Mensch sonst so braucht, angelegt. Selbst Fahrräder wurden in der »Senatsreserve« vorgehalten. Die Senatsverwaltung für Wirtschaft hatte sogar Bezugsmarken gedruckt, die im Falle einer erneuten Blockade die Verwaltung des Mangels hätten regeln sollen. (Nach der Öffnung der Mauer wurden sie als Souvenirs verkauft.) Und da sollte man sich nun in eine neue Abhängigkeit begeben?

Die Westalliierten legten ihr Veto ein und ordneten an, daß das Erdgas aus der Sowjetunion nur verwendet werden dürfe, wenn West-Berlin mindestens über einen Jahresvorrat verfüge. So sollte verhindert werden, daß die Sowjetunion den Westen durch ein Drehen am Gashahn erpressen könnte. Mit einem Jahresvorrat »im Keller« wäre eine solche Drohung kurz- und mittelfristig wirkungslos.

Die GASAG wurde durch die Entscheidung der Alliierten vor große Probleme gestellt, deren Lösung des Einsatzes vieler Menschen innerhalb und außerhalb der GASAG bedurfte. Auch der damalige stellvertretende Technische Leiter Jan-Derk Aengeneyndt war mit dieser Aufgabe befaßt.

Man entsann sich, daß in den 60er Jahren in West-

Berlin selbst einmal nach Erdgas gebohrt worden war, rund 5000 Meter tief. Fündig war man damals nicht geworden, aber um eine Erkenntnis reicher: In unmittelbarer Nähe des Olympiastadions gab es in rund 800 Metern Tiefe Gesteinsschichten, die für die Anlage eines unterirdischen Erdgasspeichers genutzt werden konnten.

Dieses Wissen sollte es nun möglich machen, die alliierten Bestimmungen zu erfüllen. Die GASAG nahm eine Nutzung der geologischen Gegebenheit und den Bau einer Betriebszentrale in der Glockenturmstraße im Berliner Westend in Angriff. Die Anwohner liefen Sturm. Sie fürchteten einen Unfall in der Station und bangten außerdem um den Wert ihrer Grundstücke. Die Erfahrung der Berliner Blockade war in Berlin noch so präsent, daß man sich politisch darauf einrichtete, eine Wiederholung zu verhindern. Aber das Erlebnis stand den Menschen nicht mehr so unmittelbar vor Augen, daß sie bereit gewesen wären, eine Einschränkung ihrer Lebensumstände hinzunehmen. In der Tat, gaben die Experten zu, würde man einen solchen Speicher normalerweise nicht in der Nähe von bewohntem Gebiet anlegen. »Normalerweise« war allerdings eine Kategorie, die im geteilten Berlin oftmals keinen Sinn ergab. Die Alliierten waren unerbittlich: ohne Speicher keine Verwendung des »Russengases«. Sicherlich trug zu ihrer harten Haltung bei, daß besonders die USA – damals unter Präsident Ronald Reagan – das deutsche Erdgasgeschäft mit den Russen generell ablehnten, weil sie meinten, es würde die Sowjetunion, also den Gegner im Kalten Krieg, wirtschaftlich und damit auch strategisch stärken.

Es dauerte einige Zeit, bis der Streit mit den Anwohnern geschlichtet war – letztlich durch einen finanziellen Vergleich, wie meistens in solchen Fällen. Die Arbeiten für die Speichernutzung verzögerten sich dadurch.

Der Bau der Erdgasleitung hingegen ging planmäßig voran. Sie wurde in der Tschechoslowakei von der Pipeline, die die Sowjetunion mit dem Westen verband, abgezweigt und durch die DDR geführt. Der Westen bestand darauf, daß die DDR keinen Zugriff auf diese Leitung hatte, also weder Gas entnehmen noch welches einspeisen konnte. Dieses hätte die DDR-Führung gerne gehabt, um an dem Gasgeschäft zu partizipieren, aber in Berlin fürchtete man neue Komplikationen. (Vom Bau und Betrieb der Leitungen auf ihrem Gebiet profitierte sie natürlich in jedem Fall.)

Als die Leitung dann im Juli 1985 von der DDR nach West-Berlin weitergebaut werden sollte, stand die Mauer im Weg. Die DDR-Grenztruppen mußten anrücken, um ein Stück des Bauwerks zu demontieren, das zu bewachen und zu erhalten ihre Existenzberechtigung war. Im Grenzgebiet herrschte höchste Alarmstufe. Es wurden auf DDR-Seite nur Bauarbeiter eingesetzt, die sogenannte »Westreisekader« waren, also Personen, die von den DDR-Behörden gelegentlich die Erlaubnis bekamen, in den Westen zu reisen. Anders ausgedrückt: Keiner, der an dieser Baustelle beschäftigt war, hätte unter Lebensgefahr flüchten müssen. Wenn er wollte, könnte er bei einem Besuch einfach »drüben« bleiben. Dennoch durften die DDR-Arbeiter West-Berliner Boden nicht betreten, die West-Berliner Rohrleger durften andererseits ihren Fuß nicht auf DDR-Territorium setzen. Lediglich ein einziger Vertreter des VEB Kombinat Verbundnetze Energie war berechtigt, als Kontaktperson hin und her zu gehen. Jan-Derk Aengeneyndt erinnert sich, daß diese Restriktionen auf einer gemeinsamen Baustelle kein leichtes Unterfangen waren. Um das Vorhaben nicht zusätzlich zu erschweren, hatte sich auch der Westen verpflichtet, über die Arbeiten Stillschweigen zu bewahren, damit die

Presse nicht vorher über den Mauerdurchbruch berichtete, was viele Schaulustige angelockt hätte.

Im Oktober 1985 war es dann soweit. Die Leitung war fertig. Das sowjetische Erdgas strömte in die Leitung und schob einen »Molch«, einen mit Kunststoff umwickelten Stahlstopfen, vor sich her. Dadurch wurde die Luft aus dem Rohrleitungssystem gedrückt. Der an der westlichen Übernahmestation in Berlin-Buckow mit großem Hallo begrüßte »Molch« war der einzige Ost-West-Grenzgänger in diesem Zusammenhang.

Das Erdgas kam, aber der von den Alliierten angeordnete Speicher war nicht fertig, geschweige denn gefüllt. Daher durfte der Energieträger nicht direkt verwendet werden, eine Umstellung der Gasgeräte in der Stadt war nicht möglich. So mußte die GASAG in einem aufwendigen Prozeß aus dem Erdgas mit hohem Brennwert wieder Stadtgas mit niedrigem Brennwert machen. Der große Vorteil des Erdgases verpuffte zunächst in den Räumen der hohen Politik.

Als der Speicher Ende 1992 endlich fertiggestellt war, existierte seine politische Notwendigkeit nicht mehr. Dennoch begann man sofort damit, ihn zu füllen. Und die Verantwortlichen der GASAG waren froh, ihn zu haben. Damit, erklärt Jan-Derk Aengeneyndt, damals Technischer Leiter des Gasversorgers, sei die GASAG auch bei technischen Pannen oder Lieferstörungen unabhängig und die bei Fachleuten gefürchtete »Gasmangellage« könne nicht eintreten. Wenn das Gas nämlich ausfällt, ist das für den Nutzer nicht nur ärgerlich, es ist auch gefährlich, da dann Luft in die Leitungen eindringt und sich mit dem Gas vermischen kann. Dadurch entsteht »Knallgas«, und woher dieses seinen Namen hat, ist unschwer zu erraten.

Auch in gaswirtschaftlicher Hinsicht ist der Speicher vorteilhaft. Man kann dort im Sommer Gas aufbewahren, das im Winter für Heizzwecke zusätzlich benötigt wird.

Aber Zeit, sich zufrieden zurückzulehnen, hatten die GASAG-Chefs nach der Inbetriebnahme des Speichers nicht. Sie waren nämlich buchstäblich über Nacht und zu ihrem eigenen Erstaunen Vorstandsmitglieder der (Ost-) Berliner Erdgas AG geworden, ohne daß sie ihre Tätigkeit bei der GASAG aufgegeben hätten. Denn durch die Wiedervereinigung Berlins war auch die geteilte Gasversorgung überholt.

In Ost-Berlin war nach der Wende 1989/90 aus einem Teil des VEB Energie-Kombinats Berlin die Berliner Erdgas AG entstanden. Alleinaktionär war die noch von der Regierung Modrow geschaffene Treuhand-Anstalt. Die Ost-Berliner Energiefunktionäre, die nun als Vorstand einer Aktiengesellschaft firmierten, hofften, durch diese Konstruktion »ein sicheres Faustpfand für eine lange Eigenständigkeit des Betriebes« zu haben, wie der Experte Hilmar Bärthel in seinem Buch über die Geschichte der Gasversorgung in Berlin schreibt. Die Ost-Berliner Gasdirektoren wollten sich auf keinen Fall vom »Westen« vereinnahmen lassen.

Eine solche Zweigleisigkeit der Gasgesellschaften in Berlin war jedoch nicht im Interesse des Senats von Berlin, der nach der Vereinigung der Stadt allein zuständig war. Um Einfluß auf das Ost-Berliner Unternehmen zu bekommen, erwarb der Berliner Senat die Aktien des Unternehmens von der Treuhand. Dieser Vorgang war politisch und juristisch nicht ohne Pikanterie. Schließlich kaufte die Stadt Berlin hier das zurück, was ihr sowieso gehört hatte. Allerdings ließen Bestimmungen im deutsch-deutschen Einigungsvertrag der Berliner Stadtregierung keine andere Wahl. Dann setzte der neue Eigentümer die Mitglieder der GASAG-Geschäftsleitung auch als Vorstände der Ost-Berliner Aktiengesellschaft ein. Jan-Derk Aengeneyndt und seine beiden Kollegen hatten plötzlich zwei Schreibtische in zwei Gesellschaften. Nun erst stand die Ampel der Kooperation auf Grün. Zu tun war genug. Zwar gab es in Ost-Berlin wegen der vollzogenen Umstellung auf Erdgas keine Gasproduktion mehr, aber das Leitungsnetz war völlig marode und wies rund 22 000 undichte Stellen auf (die mittlerweile beseitigt sind).

Eine schnelle Verschmelzung der Ost-Berliner Erdgas AG mit der West-Berliner GASAG war jedoch noch aus einem anderen Grund unmöglich. Ihr standen die unterschiedlichen Gesellschaftsformen entgegen: hier eine Aktiengesellschaft, dort ein Eigenbetrieb – das ging nicht zusammen.

So brachte die geplante Fusion auch Leben in die Struktur der GASAG, die nämlich in eine Aktiengesellschaft umgewandelt wurde, deren Alleinaktionär anfangs das Land Berlin war. Jetzt endlich waren die beiden Teile kompatibel und konnten 1993 zusammengeführt werden. Mittlerweile sind die Aktien in Privatbesitz, die Berliner Gasversorgung ist vollständig privatisiert.

Jan-Derk Aengeneyndt ging Ende 1993 in den Ruhestand. Er hatte die Wiedervereinigung Berlins in einem Bereich mitgestaltet, der nicht im Mittelpunkt der öffentlichen Aufmerksamkeit steht, aber für das Funktionieren der Millionenstadt von zentraler Bedeutung ist. In diesen Jahren hat er viel erlebt, eines jedoch nicht: Langeweile.

eds

Flug in die Freiheit

Als der Flug LOT 165 aus Danzig kommend am 30. August 1978 in Berlin-Tempelhof landete, wurde Hans Detlef Alexander Tiede, der erste aussteigende Passagier, von einem US-Obersten mit den Worten begrüßt: »Willkommen im freien West-Berlin.« Für Tiedes Freundin gab es sogar ein Willkommensküßchen vom amerikanischen Offizier.

Diese Szene war aber beileibe nicht das einzig Ungewöhnliche an der Situation. Der Flughafen Berlin-Tempelhof stand nämlich zu dieser Zeit dem Zivilflugverkehr überhaupt nicht zur Verfügung, sondern diente lediglich als amerikanischer Militärflughafen. Außerdem hatte die Maschine aus Danzig eigentlich in Berlin-Schönefeld, also in der DDR, landen sollen. Und schließlich waren die DDR-Bürger Tiede und seine Freundin Ingrid Ruske keine gewöhnlichen Passagiere, sondern sie hatten das Flugzeug, eine 70sitzige Tupolew 134, entführt.

Detlef Tiede und Ingrid Ruske litten beide sehr unter der Spaltung Berlins. Tiede war mit einer Polin verheiratet gewesen, mit der er auch zwei Kinder hatte. Nachdem die Ehe in die Brüche gegangen war, siedelte sie nach West-Berlin über. Daß er seine Kinder nicht mehr sehen konnte, machte Detlef Tiede geradezu verrückt. Er stellte mehrere Ausreiseanträge, die alle abgelehnt wurden.

Ingrid Ruske hatte sich in einen Westdeutschen verliebt, der als Bauprojektleiter vorübergehend in Ost-Berlin arbeitete. Nach mancherlei Enttäuschung wollte sie mit ihm im Westen ein neues Leben beginnen.

Die amerikanische Militärregierung und noch mehr das US-Außenministerium teilten die Freude über die gelungene Flucht, die ihr Offizier vor Ort geäußert hatte, allerdings nicht. Zwar sah man es mit einer gewissen Sympathie, wenn Menschen aus der DDR und den anderen Staaten des Warschauer Paktes flohen. In diesem Fall grenzte das Wohlwollen sogar an offene Schadenfreude, hatten doch sieben weitere Passagiere, die die Entführung erst nach der Landung des Flugzeuges in West-Berlin bemerkten, spontan beschlossen, ebenfalls im Westen zu bleiben, und damit ein eindeutiges Urteil darüber abgegeben, was sie für das bessere politische System hielten. Andererseits gab es in den 70er Jahren häufig Flugzeugentführungen, beispielsweise nach Kuba, die gegen die USA und andere westliche Staaten gerichtet waren. Und erst wenige Wochen vor der Landung der polnischen Maschine war eine internationale Übereinkunft über die Ahndung solcher Verbrechen geschlossen worden.

Den beiden DDR-Bürgern, die mit Waffengewalt (wie sich herausstellte, einer Spielzeugpistole, die die zwölfjährige Tochter von Ingrid Ruske durch die Sicherheitskontrollen gebracht hatte) ihr Recht auf Freizügigkeit innerhalb Deutschlands durchgesetzt hatten, hätte bei ihrer planmäßigen Rückkehr nach Ost-Berlin die Verhaftung gedroht. Ein anderer Fluchtversuch, nämlich mit gefälschten Pässen von Polen in den Westen auszureisen, war gescheitert und von den DDR-Behörden entdeckt worden.

Bei diesem Szenario war der Bundesregierung nicht wohl. Sie bat die Amerikaner, den Fall selbst zu verhandeln, wozu sie auf Grund des alliierten Status von Berlin, demzufolge Berlin nach wie vor unter Besatzungsrecht stand, berechtigt waren.

Zwar gab es die rechtliche Grundlage für ein solches Verfahren, aber die Instrumente fehlten. Anders ausgedrückt: In Berlin gab es kein amerikanisches Gericht.

Während hinter den Kulissen eifrig Überlegungen angestellt wurden, wie dieses Problem nun zu lösen sei, wurden Detlef Tiede und Ingrid Ruske von den Amerikanern in eine vergleichsweise komfortable Haft im Flughafen Tempelhof genommen.

Im Oktober 1978 schufen die Vereinigten Staaten von Amerika einen US-Gerichtshof für Berlin. Zu diesem Zweck wurde der US-Bundesrichter Herbert Stern zum US-Richter für Berlin ernannt. Zwei andere Juristen vor ihm hatten die Berufung abgelehnt. Es war keineswegs vorgesehen, das Gericht zur Dauereinrichtung werden zu lassen. Stern sollte vielmehr für diesen einen Prozeß zwei- oder dreimal nach Berlin reisen. Der Rechtsberater der amerikanischen Militärregierung Berlins wurde zum US-Staatsanwalt für Berlin ernannt.

Richter Stern sollte auf der Basis des Besatzungsrechts amtieren, das den Besetzten, also den Berlinern, keinerlei Rechte einräumte. Aber Stern legte sich quer, er wollte kein Werkzeug der Besatzungspolitik sein. 1978 war nicht 1948, die Deutschen waren längst von Gegnern zu Freunden geworden. Berlin stand nicht mehr für die Naziherrschaft, sondern war zum Symbol der Freiheit und der Entschlossenheit des Westens, diese zu verteidigen, geworden. Jedes Schulkind in Deutschland kannte ja das Bekenntnis des amerikanischen Präsidenten John F. Kennedy: »Ich bin ein Berliner«. Längst sprach man von den Westalliierten nicht mehr als Besatzungsmächte, sondern als »Schutzmächte«. Stern weigerte sich daher, den Deutschen vor »seinem« Gericht weniger Rechte zuzugestehen als den Amerikanern in New Jersey, wo er normalerweise amtierte.

Daher ordnete Stern auch an, das Verfahren habe mit Geschworenen stattzufinden. Geschworene haben im amerikanischen Rechtssystem einzig und allein die Aufgabe festzustellen, ob ein Angeklagter schuldig ist oder nicht. Auf das Strafmaß nehmen sie keinen Einfluß.

Die US-Behörden versuchten, Sterns Entscheidung zu blockieren. Die Geschworenen mußten nämlich Deutsche sein, genauer gesagt, West-Berliner. (Stern stellte sich am Anfang sogar vor, auch Ost-Berliner Geschworene zu berufen, mußte aber schnell einsehen, daß das nicht durchsetzbar war.) Im State Department hatte man nun Angst, die West-Berliner, von der Mauer und ihren Folgen gezeichnet, könnten die Ost-Berliner Tiede und Ruske angesichts der Umstände für »nicht schuldig« erklären. Das wäre für Washington eine politische Katastrophe gewesen. Nachdem man sich von den Deutschen (der Bundesregierung) diesen Fall hatte aufhalsen lassen, könnten nun ebenfalls die Deutschen (die Geschworenen) die Entführer für nicht schuldig erklären. Der diplomatische und politische Schaden würde jedoch ausschließlich auf Seiten der Amerikaner entstehen. Die Sowjetunion beäugte das Verfahren kritisch, da sie den Verdacht hegte, die Amerikaner wollten die Entführer nicht wirklich bestrafen. Für diesen Fall drohten sie an, daß auch sie künftig bei Entführungen auf ihr Territorium ein Auge zudrücken würden.

Der frisch bestallte US-Staatsanwalt für Berlin versuchte, die Einsetzung eines Geschworenengerichts zu verhindern. Nachdem politischer Druck auf den Richter sich als untauglich erwies, handelte man mit dem Hauptangeklagten Tiede. Er solle sich schuldig bekennen, dann würde er eine niedrige, im vorhinein festgesetzte Strafe erhalten und in wenigen Monaten ein freier Mann sein. Gegen Ingrid Ruske hatte man nichts in der Hand, außer einem unter rechtswidrigen Umständen zustandegekommenen Geständnis. Gegen sie würde, so ein weiteres Angebot an Tiede, überhaupt nicht verhandelt. Den Einwand, die US-Behörden hätten keinen Einfluß darauf, wie der Richter im Falle eines Schuldbekenntnisses das Strafmaß festsetzen würde, entkräftigte man mit Hilfe des Besatzungsrechts. Der Richter könne verkünden, was er wolle. Sobald Tiede im Gefängnis sei, entschieden die Besatzungsbehörden, wie lange er dort bliebe. In der Tat wurde von der Mission der Vereinigten Staaten eine Verordnung über »bedingte Strafaussetzung« erlassen (für jemanden, der noch gar nicht verurteilt war) und am 8. Mai 1979 dem Regierenden Bürgermeister von Berlin zur Kenntnis gegeben. Durch ein Schuldeingeständnis Tiedes wäre die Grundlage für einen Geschworenenprozeß entfallen, da die einzige Frage, über die die Jury zu entscheiden hätte, ja geklärt gewesen wäre.

Doch im letzten Augenblick rückte Tiede von dem Handel ab, er wollte seinen Prozeß durchkämpfen. Damit war klar: es würde einen Geschworenenprozeß geben.

»Sie werden aufgefordert, am 14. Mai 1979 um 9 Uhr in Berlin 42, Tempelhofer Damm 1–7 (alter Flughafeneingang) zu erscheinen. An dem genannten Tag und Ort werden Sie über die Pflichten eines Geschworenen belehrt, und es wird ein Geschworenenauswahlverfahren stattfinden. In diesem Verfahren können Sie ausgewählt werden, als Geschworene(r) im Amerikanischen Gericht für Berlin in der Strafsache *United States, as the United States Element, Allied Kommandatura, Berlin* gegen *Tiede und Ruske,* Strafsache Nr. 78–001, tätig zu werden. ...«

500 Personen aus dem amerikanischen Sektor, nach dem Zufallsprinzip ausgewählt, erhielten eine solche Vorladung. Rund 100 von ihnen baten aus verschiedenen Gründen um Dispens, die anderen 400 erschienen wie angeordnet. Aus ihrem Kreis wurden vom Richter, der Verteidigung und der Anklagevertretung zwölf Geschworene und sechs Ersatzleute ausgewählt.

Damit begann die Hauptverhandlung gegen Detlef Tiede. Ingrid Ruske wurde lediglich als Zeugin vernommen, die Anklage gegen sie hatte man fallenlassen.

Die Verhandlung war spannend und für die deutschen Zuhörer ungewohnt. Selbst die notwendige Simultanübersetzung – der Richter und die amerikanischen Anwälte sprachen kein Deutsch – konnte die Dramatik der Wortgefechte zwischen Verteidigung und Anklage nicht dämpfen. Richter Stern schrieb später ein Buch über diesen Prozeß, das sich wie ein Kriminalroman liest (›Ein Richter in Berlin‹).

Detlef Tiede wurde von zwei amerikanischen Anwälten und einem deutschen Verteidiger vertreten. Diese Doppelung war nötig, weil auf der Basis des amerikanischen Prozeßrechts, aber nach dem deutschen Strafrecht verfahren wurde.

Der Berliner Strafverteidiger Dietrich Herrmann weiß bis heute nicht genau, warum die Amerikaner ausgerechnet ihn mit der Verteidigung Tiedes beauftragten. Offensichtlich spielte eine Rolle, daß er gut Englisch sprach und dies in Berliner Justizkreisen auch bekannt war. Er nahm die Herausforderung gerne an, denn der Prozeß war in seiner Art für einen deutschen Juristen einmalig.

Die Zeugenvernehmungen, die Einsprüche der Anwälte, die Beratungen am Richtertisch – alles lief ab, wie man das aus amerikanischen Filmen kannte. Die Geschworenen folgten dem Prozeß aufmerksam. Schließlich zogen sie sich zur Beratung zurück. Da sie sich nicht einigen konnten, mußten sie eine Nacht im Hotel verbringen.

Am zweiten Tag, einem Samstag, kamen sie schließlich zu einem Ergebnis, das dem Gericht mitgeteilt wurde. In drei von vier Anklagepunkten (Angriff auf den Luftverkehr, Freiheitsberaubung und Körperverletzung) befand die Jury den Angeklagten für nicht schuldig. Nur in einem Punkt, nämlich Geiselnahme, erklärten sie ihn für schuldig. Der Spruch war offensichtlich inkonsequent, da die Geiselnahme ja nur durch einen Angriff auf den Luftverkehr und durch Freiheitsberaubung vollzogen werden konnte, aber die Geschworenen sind in ihrer Entscheidung völlig frei. Wenngleich die Beratungen vertraulich waren, kann doch angenommen werden, daß sie dem Angeklagten entgegenkommen wollten. Falls das tatsächlich der Fall war, hatten sie allerdings in Unkenntnis der möglichen Strafen ausgerechnet den Anklagepunkt positiv beschieden, der mit der höchsten Strafe belegt war. Richter Stern mußte Detlef Tiede demnach zu mindestens drei Jahren Haft verurteilen.

Zwischen dem Schuldspruch und der Verkündung des Strafmaßes lagen zwei Tage – und zwei bedeutende Ereignisse. Zum einen informierten die Verteidiger Tiedes den Richter über die Abmachungen, die sie mit der Staatsanwaltschaft für den Fall getroffen hatten, daß Tiede sich schuldig bekennen würde. Spätestens zum 15. Dezember 1979 solle er demzufolge auf freiem Fuß sein. Die Verteidiger forderten nun, daß der Richter sich bei der Festlegung des Strafmaßes an diese Zusage gegenüber dem Angeklagten hielte. Rechtsanwalt Herrmann, der deutsche Verteidiger des Luftpiraten, hatte diesen »Deal« seinen amerikanischen Kollegen überlassen, für die so etwas tägliche Praxis im Gerichtssaal war. Er war auch davon ausgegangen, daß es sich um einen normalen Vorgang in einem amerikanischen Strafprozeß handele. Richter Stern jedoch fuhr aus der Haut, als er mitbekam, daß die Anklage und die Verteidigung gemeinsam beschlossen hatten, ihn auszutricksen. Daß die Staatsanwaltschaft darüber hinaus erklärt hatte, der Richter könne den Angeklagten verurteilen zu was er wolle, er werde in jedem

Fall auf Grund des in Berlin geltenden Besatzungsrechtes am 15. Dezember 1979 entlassen, empörte ihn.

Das Besatzungsrecht spielte auch in einem anderen Fall eine Rolle, der zwar nichts mit der Flugzeugentführung zu tun hatte, sich aber für Detlef Tiede als segensreich erwies. Im Düppeler Feld, im Süden Berlins, wollten die Amerikaner Wohnungen für ihre Soldaten und Offiziere bauen. Da es sich hierbei um eine Maßnahme der Besatzungsmacht handelte, verzichtete der Senat von Berlin aus Zeitgründen auf die Aufstellung eines Bebauungsplanes und trieb den Wohnungsbau voran. Hiergegen klagte eine Bürgerinitiative. Hätte das Verwaltungsgericht darüber entschieden, hätte es die Anordnung der Besatzungsmacht aushebeln können. Daß die Besetzten über die Besetzer zu Gericht saßen, war jedoch nicht möglich. Das Verwaltungsgericht hätte den Prozeß nur führen dürfen, wenn es die amerikanische Besatzungsbehörde genehmigt hätte. Die US-Mission in Berlin ließ jedoch wissen, daß sie eine solche Erlaubnis nicht erteilen werde.

Nachdem sich nun das US-Gericht für Berlin konstituiert hatte, wurde es von der Bürgerinitiative angerufen. Das amerikanische Außenministerium, vertreten durch die US-Botschaft in Bonn, wollte jedoch vermeiden, daß Richter Stern sich mit dieser Angelegenheit befaßte. Botschafter Stoessel teilte Stern in einem Brief kühl mit, daß »sich Ihre Bestallung zum Richter des US-Gerichts für Berlin nicht auf diesen Fall erstreckt«. Der Brief erreichte ihn am Sonntag, dem Tag vor der Urteilsverkündung im Fall Tiede. Stern hatte sich, wie er selbst sagt, gerade entschieden, Tiede gemäß dem Antrag der Staatsanwaltschaft zu vier Jahren Gefängnis zu verurteilen. Bei guter Führung und unter Anrechnung der bisherigen Haftzeit hätte er damit zum Jahresende 1979 entlassen werden können – wie die Staatsanwaltschaft es ihm zugesagt hatte. Durch diesen Beschluß, den Stern auf langen Spaziergängen durch Berlin getroffen hatte, hatte er sein inneres Gleichgewicht wiedergefunden. Der Brief von Botschafter Stoessel wühlte ihn jetzt jedoch erneut auf. Ein US-Bundesrichter läßt sich nicht gerne Vorschriften machen, was er zu tun und zu lassen hat. Die Unabhängigkeit der Justiz ist in allen Rechtsstaaten ein hohes Gut, in den Vereinigten Staaten von Amerika ist sie ein Heiligtum.

Als am Tage der Urteilsverkündung der deutsche Rechtsberater des Richters Stern diesem mitteilte, er habe eine Klausel gefunden, derzufolge Tiede nur zu mindestens sechs Monaten verurteilt werden müsse, weil er unter Druck gehandelt habe, machte Stern aus seiner Abneigung gegen das US-Außenministerium und das US-Justizministerium im Zusammenhang mit dem US-Gericht für Berlin keinen Hehl. Rechtsanwalt Herrmann erinnert sich, wie Stern den Satz herausschleuderte: »Ich werde diesen Mann (den Angeklagten) nicht diesem Mann (dem Staatsanwalt) ausliefern.« Der amerikanische Richter Stern verurteilte den deutschen Flugzeugentführer Tiede zu der von ihm schon verbüßten Haftzeit. An den Angeklagten gewandt sagte er: »Sie sind ab sofort ein freier Mann.« Mit einer Kopie der Freiheitsstatue in der Hand verließ Tiede unter dem Blitzlichtgewitter der Pressefotografen das Gerichtsgebäude.

Zu einer Entscheidung in der Zivilsache Düppeler Feld ist es nie gekommen. Stern wollte sich nicht unter Druck setzen lassen, konnte auf Grund des Besatzungsrechts aber auch nicht gegen die Weisung des US-Botschafters handeln. Er vertagte die Entscheidung. Am nächsten Tag beendete der amerikanische Botschafter unter Berufung auf ein Gesetz des US-Hochkommissars aus der unmittelbaren Nachkriegszeit Sterns Bestallung zum Richter und schickte ihn nach Hause.

In Tempelhof landeten in den folgenden Jahren noch des öfteren entführte polnische Flugzeuge. Die Berliner spotteten, der Name der Fluggesellschaft LOT sei die Abkürzung für »Landing On Tempelhof«. Bei den Entführern handelte es sich jedoch, anders als im Fall Tiede, nicht um Deutsche, so daß die amerikanischen Behörden die Täter der West-Berliner Justiz zur Verurteilung übergaben. Einen von ihnen hat Rechtsanwalt Herrmann verteidigt – das Strafmaß lag deutlich höher als bei Detlef Tiede.

eds

Ausverkauf am »Alex«

»Westgeld wäre mir lieber«, sagte der Verkäufer im staatlichen Laden für optische Geräte, als der Kunde ihm die blauen DDR-Hunderter auf die Theke blätterte. Der Soldat in US-Uniform überhörte die Bemerkung. Warum sollte er in einem normalen DDR-Geschäft das vor ihm liegende Fernrohr in Valuta begleichen? Gleichmütig schaute er zu, wie der Mann hinter dem Verkaufstisch das Glas aus den volkseigenen Zeiss-Werken in einen Karton steckte und in braunes Papier einwickelte.

Tag für Tag wiederholte sich im Zentrum von Ost-Berlin die gleiche Szene: Gegen Mittag fuhren am Alexanderplatz Militärbusse der in West-Berlin stationierten Streitkräfte vor. Dann schwärmten Amerikaner, Briten und Franzosen in die Kaufhäuser und Läden aus und sammelten ein, was die sozialistische Volkswirtschaft an attraktiven Waren zu bieten hatte: Fotoapparate und Campingausrüstungen, Werkzeug und Musikinstrumente, Uhren und Sportartikel, Steppdecken und Nachthemden.

Wenn die alliierten Einkäufer von ihrem Beutezug zu den geparkten Bussen zurückkehrten, waren die meisten von ihnen schwer beladen. Mit Päckchen und Paketen, Tüten und Kartons. Manche schleppten Teppiche auf den Schultern oder einen Gartengrill. Die Ladeklappen der Busse standen weit offen. Und wenn der Stauraum am Boden voll war, wuchteten die Soldaten ihre Lasten auf die Sitze. Oft standen grün berockte Volkspolizisten daneben und schauten dem Treiben ebenso untätig wie schweigend zu.

Für die GIs und die anderen Schutzmacht-Soldaten

waren die Einkaufstouren in den Osten eine preisgünstige Schnäppchenjagd. Denn sie bezahlten mit Ost-Mark, die sie nicht nach offiziellem DDR-Kurs (eine DM-West gleich eine Mark Ost) eintauschten, sondern sich in West-Berliner Wechselstuben billig geholt hatten. »Ich habe mir das Geld immer bei der Berliner Bank im Flughafen Tegel besorgt«, sagt Yves Le Rhun. »Das war die einzige Filiale in unserer Gegend, die auch immer Ost-Mark vorrätig hatte.«

Yves absolvierte seinen Wehrdienst bei den französischen Streitkräften in Berlin von 1976 bis 1979. Später war er Zivilangestellter der Garnison, zuständig für Personal und Haushalt. Er ist mit einer Deutschen verheiratet und – wie viele seiner Kollegen – nach dem offiziellen Abzug der Schutzmächte in Berlin geblieben. Vom Militär wechselte er in die Verwaltung eines Museums. Die Wohnsiedlung nördlich vom Flughafen Tegel, wo er zu Hause ist, hat noch immer französische Straßennamen. Wie zu den Zeiten, als seine Landsleute noch ihren eigenen Sektor hatten.

Aus einem Schrank holt Yves einen Zirkelkasten. »Den habe ich damals drüben gekauft.« In dem mit schwarzem Samt ausgeschlagenen Etui liegt noch der Kassenzettel, ausgestellt am 8. Juni 1977 – »1 Präzisions-Reißzeug, Kopernikus VII b, Neusilber«. Der Preis betrug 39,20 Mark. Auch der Garantieschein vom VEB Polytechnik Karl-Marx-Stadt ist noch da. »Meinem Vater habe ich auch einen solchen Zirkelkasten mitgebracht.«

So günstig wie zu seiner Soldatenzeit hat Yves nie wieder eingekauft. »Der Kurs schwankte zwischen eins zu fünf bis eins zu acht.« Er kann sich aber auch an Zeiten erinnern, da habe er für eine D-Mark 13 Mark Ost bekommen. »Ich bin kein Typ, der das groß ausgenutzt hat«, sagt Yves. Aber er kenne eine Menge Leute, »die kräftig abgesahnt haben« und ihre Wohnungen mit Ost-Waren ausstaffierten.

Was kümmerte es die Angehörigen der westlichen Streitkräfte, wenn die DDR durch den Erlaß von Ausfuhrverboten ihre Mangelwirtschaft zu schützen versuchte. Das half nur bei gewöhnlichen West-Touristen, denen Zöllner des Arbeiter-und-Bauern-Staates an den Grenzübergangsstellen in die Taschen schauten. Die alliierten Militärs hingegen fuhren unkontrolliert und ungehindert durch den Checkpoint Charlie an der Friedrichstraße. Abgesichert durch ihren besonderen Status, der es ihnen ermöglichte, sich auch im geteilten Berlin frei zu bewegen.

Ein paar Auflagen gab es gleichwohl. »Wir durften nicht zu Fuß rüber«, sagt Yves. Auch nicht mit U- oder S-Bahn. »Es mußte ein Auto mit einer FZ-Nummer oder ein Armeefahrzeug sein.« Und wenn man in Zivil unterwegs war, hatte mindestens ein Uniformierter dabeizusein. Alle Fahrten nach Ost-Berlin, egal ob privat oder dienstlich, waren bei der eigenen Militärverwaltung anzumelden. Das mußte schriftlich erfolgen und vom Vorgesetzten oder Dienststellenleiter unterschrieben werden.

Auf der westlichen Seite des Checkpoint wurden die Militärangehörigen registriert. »Man ist ausgestiegen und in die Baracke der Gendarmerie gegangen«, sagt Yves. »Dort mußte man die Autopapiere vorlegen und den Dienstausweis.« Waren mit in den Osten zu nehmen war untersagt. »Aber da wir nicht kontrolliert wurden, haben wir es trotzdem gemacht.« Yves hatte eine Motor-Fachzeitschrift abonniert. »Die gelesenen Exemplare habe ich drüben verschenkt.«

Grundregel beim Einkauf war: nur zum persönlichen Gebrauch. Das stand auch in einer Dienstnote. In den 80er Jahren verfügte die französische Militärführung für ihre Leute weitere Einschränkungen. Danach war es verboten, Lebensmittel, Antiquitäten und Meißner Porzellan zu erwerben. »Ich hatte Freunde, die hatten Vitrinen voll davon.« Wer in Verdacht geriet, gegen Vorschriften zu verstoßen, mußte mit einer Durchsuchung seiner Dienstwohnung rechnen. »Ich kannte einen Hauptmann, dessen Frau unerlaubt eingekauft hatte. Der ist sofort nach Frankreich versetzt worden.«

Grundsätzlich galt die Bewegungsfreiheit in ganz Berlin für die Angehörigen aller vier Streitkräfte. Doch während die Sowjets in der Regel nur dienstlich in die westlichen Sektoren fuhren, verbrachten ihre einstigen Waffenbrüder auch einen Teil ihrer Freizeit in Ost-Berlin. Man sah sie in der Staatsoper Unter den Linden, im Operetten-Theater Metropol und im Friedrichstadt-Palast, wo sie für umgerechnet ein paar Mark auf den besten Plätzen saßen.

In den besseren Restaurants waren die Soldaten und Offiziere aus dem Westen Stammgäste. Yves bevorzugte das »Moskau« in der Karl-Marx-Allee. »Kaviar habe ich nur dort gegessen.« Wenn er französische Gäste hatte, ging er mit ihnen ins Hotel-Restaurant »Stadt Berlin«. Oder auf den Fernsehturm. Andere speisten im »Ganymed« oder im »Ermeler-Haus«, Etablissements der gehobenen Preisklasse, in denen ein Pfeffersteak die privilegierten Gäste weniger kostete als ein schlapper Hamburger im Drive-in-McDonald's an der West-Berliner Clay-Allee.

Und wenn sich im Kulturpark am Plänterwald oder beim Weihnachtsmarkt die Karussells drehten und die Achterbahnen kurvten, dann waren meist auch westalliierte Soldaten mit von der Partie. Schließlich erfüllten sie nebenbei auch einen politischen Auftrag. »Wir sollten im Osten Präsenz zeigen«, sagt Yves. Reservierungen im Restaurant hat er häufig Freunde von der französischen Botschaft in Ost-Berlin machen lassen.

Bei seinen Ausflügen hat er sich aufs Zentrum von Ost-Berlin konzentriert. In Köpenick zum Beispiel war er nie. Zwar hätte er überall bis an die Stadtgrenze fahren können, aber an manchen Ecken war es schwer zu erkennen, ob man noch in Berlin war oder schon im Bezirk Potsdam oder Frankfurt/Oder. Der Aufenthalt im Osten war auch zeitlich begrenzt. Spätestens um ein Uhr nachts mußte man wieder den Checkpoint passiert haben. Das haben vor allem jene West-Soldaten bedauert, die im Osten eine Freundin hatten.

Wenn Yves mit dem Auto von Berlin Richtung Westdeutschland fuhr, gab es für ihn nur die Möglichkeit, über Helmstedt zu fahren. An den Grenzübergängen Dreilinden und Marienborn kontrollierten nämlich auf einer gesonderten Spur auch die Sowjets. DDR-Uniformierte, die alle anderen Übergänge kontrollierten, waren für ihn ja nicht zuständig.

Gelegentlich fuhr er schneller als erlaubt. »Einmal bin ich von der Volkspolizei angehalten und auf einen Parkplatz gewinkt worden.« Für solche Fälle hatte er einen Zettel dabei. Darauf stand: »Ich darf mit Ihnen nicht sprechen. Bitte holen Sie einen russischen Offizier.« Der sei aber nicht gekommen. »Eine Viertelstunde später konnte ich weiterfahren.«

pp

Abgefertigt!

»Herr Menzel, der Mann ist abgefertigt!« Dieser Satz klingt Ludwig Menzel noch heute in den Ohren, obwohl es Jahre her ist, daß er ihn zuletzt gehört hat. Ludwig Menzel war Leiter eines der Büros für Besuchs- und Reiseangelegenheiten, bei dem Bürger aus West-Berlin eine Einreise, meist eine Tagesreise, nach Ost-Berlin und in die DDR beantragen konnten.

Morgens um halb neun begannen er und seine West-Berliner Mitarbeiter ihren Dienst. Um 8.45 Uhr wurde der Warteraum für die Antragsteller geöffnet, die häufig in langen Schlangen auf die Abfertigung warteten. Ungefähr zur gleichen Zeit erschienen auch die »Angestellten der Deutschen Demokratischen Republik«. Die jeweils sechs DDR-Mitarbeiter – fünf plus ein Leiter – kamen morgens mit zwei Kleinbussen der Marke »Barkas« zur Arbeit. Sie saßen in einem der beiden Fahrzeuge, im zweiten befand sich die »Wunderkiste«, der Behälter mit den Anträgen und Bearbeitungsscheinen. An den Grenzübergängen wurden die DDR-Angestellten von der West-Berliner Polizei in Empfang genommen und eskortiert. Es sollte verhindert werden, daß es zu irgendwelchen Zwischenfällen kam, die das schwierige Ost-West-Verhältnis hätten belasten können.

Die DDR-Bediensteten gingen im Gänsemarsch durch die Besucherräume in ihren Teil des Büros. Die Prozedur wiederholte sich jeden Tag, der Leiter vorneweg, die anderen einer nach dem anderen hinterher. Pünktlich um 9 Uhr nahm man im Büro seine Arbeit auf.

Mehr als zehn Jahre hatte es nach dem Mauerbau 1961 gedauert, bevor ein einigermaßen vernünftiger Besucherverkehr zwischen den beiden Teilen Berlins – wenn auch nur in einer Richtung – möglich wurde. Unter dem Dach des Viermächteabkommens über Berlin schlossen der Senat von Berlin (West) und die Regierung der DDR (Ost) eine Vereinbarung »über Erleichterungen und Verbesserungen des Reise- und Besucherverkehrs«, die zusammen mit dem Viermächteabkommen im Juni 1972 in Kraft trat.

Die Regelung war juristisch kompliziert und sehr differenziert, sie besagte im wesentlichen folgendes: Personen mit ständigem Wohnsitz in Berlin (West), also auch Ausländer, konnten nunmehr Ost-Berlin und die DDR 30 Tage im Jahr, ab 1984 45 Tage im Jahr, besuchen. Anders als bei der Passierscheinregelung der 60er Jahre waren die Besuche nun ständig möglich und konnten auch aus touristischen Gründen unternommen werden. Man mußte also nicht mehr Besuchsgrund und -ziel angeben beziehungsweise man konnte dieses verschweigen, was das Treffen mit DDR-Bürgern erleichtert hat, die keinen »Westkontakt« haben durften. (Wurde das jedoch von den DDR-Behörden entdeckt, mußte man fürderhin mit Einreiseverboten rechnen, da man ja gegen die Pflicht zur ordnungsgemäßen Angabe des Besuchsziels verstoßen hatte.)

Um nun aber nach Ost-Berlin oder in die DDR fahren zu können, benötigte man ein Visum. Dieses erhielt man an der Grenze, wozu man neben seinem Berliner Personalausweis einen »Berechtigungsschein zum Empfang eines Visums« vorweisen mußte.

Diesen Berechtigungsschein gab es in einem der Besucherbüros, die offiziell »Büros für Besuchs- und Reiseangelegenheiten« hießen. Fünf solcher Stellen existieren in West-Berlin: in Kreuzberg, in Charlottenburg, in Steglitz, im Wedding und in Spandau. Und dort arbeiteten sowohl Angestellte des Senats von Berlin (West) als auch Angestellte der DDR. Die Besucherbüros waren die einzigen

Einrichtungen, in denen Ost- und West-Berliner unter einem Dach tätig waren.

Der Leiter des Büros war ein West-Berliner Angehöriger des Landesverwaltungsamtes. Man hatte bewußt keine Beamten für diese Tätigkeit ausgewählt, um nicht den Eindruck einer »hoheitlichen Tätigkeit« entstehen zu lassen. Die eigentliche Arbeit erledigten allerdings »Angestellte der Deutschen Demokratischen Republik«. Welcher Regierungsstelle in Ost-Berlin diese angehörten, blieb offiziell unklar. Auch ihre Uniform (»einheitliche Dienstkleidung«), ein häßlich-brauner Anzug mit einem Schild »Büro für Besuchs- und Reiseangelegenheiten« gab darüber keinen Aufschluß. Die West-Berliner machten sich da jedoch keine Illusionen, und nach der Wende bestätigte sich, daß die Bediensteten zum Staatssicherheitsdienst der DDR gehört hatten.

Die Stasi-Angestellten bewachten einander wie die Schießhunde. Selbst jeder Gang auf die Toilette erfolgte zu zweit. Es war völlig undenkbar, daß einer seine tägliche Anwesenheit in West-Berlin einmal dazu hätte nutzen können, etwas einzukaufen (oder sich von den Westkollegen etwas mitbringen zu lassen). Der einzige Weg, den sie im Westen zurücklegten, war der vom Parkplatz ins Gebäude und zurück. So waren sie täglich im »goldenen Westen«, ohne je einmal wirklich da zu sein. Sie standen damit viel schlechter als die anderen »Reisekader«, die sich doch – hatten sie einmal die Grenze überwunden – frei oder zumindest freier im Westen umschauen konnten. Und eigentlich ging es ihnen auch schlechter als denen, die gar nicht in den Westen reisen durften, ihn aber auch nicht täglich unnahbar nah durch ein Kleinbusfenster anschauen mußten.

Vielleicht ist die psychische Situation der DDR-Angestellten ein Teil der Erklärung für ein eigentlich erstaunliches Phänomen: Die Stimmung zwischen den Beschäftigten aus dem Westen und denen aus dem Osten wurde in jahrelanger Zusammenarbeit nicht besser und gelöster, sondern immer gereizter und frostiger. Bis zum letzten Tag wurde zwischen den West-Berlinern und den Ost-Berlinern kein privates Wort gewechselt, kein Kaffee zusammen getrunken, kein Scherz gemacht, keine Gratulation zum Geburtstag ausgesprochen. Während der Mittagspause der Büros nahmen die DDR-Angestellten in einem gesonderten Raum das Mittagessen ein, das ihnen ebenfalls aus Ost-Berlin gebracht wurde.

Ludwig Menzel, der vom ersten bis zum letzten Tag einem Besucherbüro vorstand, hatte seine Aufgabe unvoreingenommen angetreten. Das Viermächteabkommen war für die Stadt ein großer Fortschritt, nun wollte er helfen, das Beste daraus zu machen. Als Leiter eines Büros war es seine Aufgabe, die Abläufe reibungslos zu organisieren, nach dem Rechten zu sehen, Ansprechpartner bei Beschwerden zu sein, zu vermitteln und zu schlichten. Auf die Ost-Berliner Angestellten hatte er keinen Einfluß, sie unterstanden ihm nicht. Und die DDR-Vertreter trieben Menzel zunehmend zur Weißglut. Kein normales Gespräch ließ sich mit ihnen führen. Wo andere nach kurzer Abstimmung eine Lösung gefunden hätten, hieß es hier: »Ich nehme Ihren Standpunkt zur Kenntnis«, oder »Ich werde das Nötige veranlassen«. Die DDR-Angestellten waren auf totale Abgrenzung programmiert und handelten stets im Bewußtsein, sich im feindlichen Ausland zu befinden. Die gestelzte Sprache, verbunden mit völliger Unnahbarkeit, und die Ausblendung alles Persönlichen ließen Menzel und seine Mitarbeiter ebenfalls auf Distanz gehen. Für regelrechte Verbitterung aber sorgte die eiskalte Attitüde der DDR-Offiziellen den Antragstellern gegenüber. Zu oft mußten die West-Berliner mitansehen, welches Leid die willkürliche Trennung der Menschen in der Stadt verursacht hatte. Der Sohn, der nicht zur Beerdigung seiner Mutter einreisen durfte, die hochbetagte Mutter, die nicht zu ihrer schwerkranken Tochter konnte, der Verlobte, dem die Besuche bei seiner Braut verwehrt wurden – Alltag in den Büros für Besuchs- und Reiseangelegenheiten.

Die Abläufe in den Besucherbüros waren exakt festgelegt und die Kompetenzen genau definiert. Kam man als Antragsteller, mußte man sich zuerst beim Empfang melden, an dem ein West-Berliner Dienst tat. Er nahm die »Vorprüfung« vor: Hatte man tatsächlich zwei Anmeldekarten identisch ausgefüllt, stimmten die Daten mit denen des Personalausweises überein, waren alle Angaben vollständig? Er informierte und beriet die Antragsteller auch. War alles in Ordnung, erhielt man eine Abfertigungsnummer, mit der man im meistens überfüllten Warteraum Platz nahm. Schließlich trat man ins Allerheiligste, also in den Raum, in dem die Ost-Berliner walteten. Sie saßen hinter einem Arbeitstisch, vor dem zwei Stühle für die Besucher standen. Die Prozedur ging höflich und korrekt über die Bühne, vom Berliner Witz und der angeblich nie verstummenden Berliner Schnauze war allerdings nichts zu merken. Wieder wurden die Antragsunterlagen mit dem Personalausweis verglichen. Wo undeutlich geschrieben worden war, ergänzten die Ost-Berliner ein Häkchen hier und einen Strich dort. Dann erhielt man aber nicht den »Berechtigungsschein zum Empfang eines Visums«, sondern ein gestempeltes Blatt, dem zu entnehmen war, daß das »Bearbeitungsergebnis« nach zwei Werktagen zur Abholung bereit liege.

Der Berechtigungsschein selbst wurde in Ost-Berlin ausgestellt. Um ihn abzuholen, mußte man zwei Tage später noch einmal erscheinen. (Später gab es sogenannte

Mehrfachberechtigungsscheine, auf denen man sich dann sofort einen Besuchstag eintragen lassen konnte. Dadurch waren dann auch etwas spontanere Besuche möglich.)

Die Ost-Angestellten nahmen die Abfertigung vor, die Ausübung des Hausrechts oblag allerdings den West-Angestellten, genauer gesagt: dem Leiter des Büros. Sich auf das Hausrecht zu berufen war immer wieder einmal nötig, wenn es zu Wutausbrüchen und Drohungen gegen die DDR-Bediensteten kam. Diese konnten ja nicht nur Einreisen genehmigen, sondern sie auch verweigern. Sie ließen sich darüber jedoch auf keine Diskussion ein – vermutlich kannten sie die Gründe selbst nicht, aus denen jemandem die Einreise verwehrt wurde. Und dann hörten Ludwig Menzel und seine Kollegen den Satz: »Der Mann ist abgefertigt!« Sie mußten dann den Abgewiesenen mit viel Einfühlungsvermögen – gelegentlich auch mit Hilfe der Polizei – des Besucherbüros verweisen.

Im Charlottenburger Büro hinter dem Bahnhof Zoo geschah es in diesem Zusammenhang sogar einmal, daß ein erfolgloser Antragsteller zum Feuerlöscher griff und den Flur des Büros verwüstete. Ein anderes Mal randalierte eine 75jährige Frau. Sie warf Tische und Stühle um und versuchte die Mitarbeiter des Büros tätlich anzugreifen. Erst die Polizei konnte ihr Einhalt gebieten.

Wieder ein anderes Mal wurde einem Mann die Einreise verweigert, der zur Beerdigung seiner Mutter wollte. Er wies das Telegramm mit der Todesnachricht vor, wurde jedoch zurückgewiesen. Menzel wollte den Fall klären und erfuhr: Die DDR hatte ein gutes Gedächtnis. Fast 30 Jahre vorher, am 17. Juni 1953, hatte der Mann die rote Fahne vom Brandenburger Tor geholt. Dabei war er angeschossen worden. Die DDR verurteilte ihn zum Tode, wandelte dieses Urteil jedoch später in eine langjährige Haftstrafe um. Nun lebte er in West-Berlin. Der

Mann drohte nun, am nächsten Tag wiederzukommen und einen »Stasi-Mann« am Kragen zu packen, falls ihm die Einreise erneut verwehrt werde. Menzel forderte daraufhin Polizeischutz für das Büro an.

Die meisten Abgewiesenen oder geschulmeisterten Antragsteller explodierten jedoch nicht, sie schluckten ihre Wut hinunter. »Eigentlich«, erinnert sich Ludwig Menzel, »gab es in den Besucherbüros, durch die ja Hunderttausende gingen, erstaunlich wenig Zwischenfälle.« Die meisten wußten um den langen Arm der DDR, die einem nicht nur bei der Einreise nach Ost-Berlin, sondern auch auf den Transitstrecken nach Westdeutschland Ärger machen konnte.

Immer wieder tauchten politische Probleme auf. Anfangs gab die DDR ein Antragsformular aus, das nach der Staatsangehörigkeit fragte. Hierüber entwickelte sich ein zäher Kleinkrieg. Die DDR war nämlich bei den West-Berlinern mit der Antwort »deutsch« unzufrieden und wollte »West-Berlin« eingesetzt haben. Der »Vorkontrolleur« aus West-Berlin, der jedoch keine exekutiven Vollmachten hatte, schickte aber Personen, die »West-Berlin« geschrieben hatten, mit der Bitte zurück, das Formular korrekt auszufüllen (»Es gibt keine Staatsangehörigkeit ›West-Berlin‹«). Besonders DDR-treue Besucher (zum Beispiel Beschäftigte bei der von Ost-Berlin verwalteten Deutschen Reichsbahn) bestanden nun aber darauf, mit dieser Angabe ihren Antrag zu stellen. Letztlich gab es kein Mittel, sie davon abzuhalten.

Schon kleinste Veränderungen im Besucherbüro wurden von dem Leiter der DDR-Angestellten gerügt. So hing in dem von Ludwig Menzel geleiteten Büro ein irreführendes Hinweisschild, das auf einen verschlossenen Raum wies. Menzel ließ das Schild entfernen. Die DDR-Seite widersetzte sich jedoch der vorgenommenen Korrektur und verlangte, daß der bei der gemeinsamen Besichtigung der Räume existierende Zustand wiederhergestellt wurde.

Die Besucherbüros waren an den Wochenenden und an Feiertagen geschlossen. Also auch am 17. Juni, dem Tag, an dem an den Arbeiteraufstand in der DDR 1953 erinnert wurde. Dies hinderte die DDR-Angestellten in der Kreuzberger Dienststelle, denen der 17. Juni als Feiertag natürlich nicht recht war, eines Tages nicht daran, den Antragstellern mitzuteilen, sie könnten an eben diesem Tag ihre Unterlagen abholen. Ludwig Menzel erkannte, daß hier Zwietracht gesät werden sollte. Da mit den DDR-Vertretern nicht zu reden war, mußte er zwei Mitarbeiter am Ausgang postieren, die jedem einzelnen Antragsteller mitteilten, daß die DDR-Angestellten sie damit in die Irre führen wollten.

Alle diese Vorkommnisse wurden von den West-Berliner Büroleitern mit dem Besuchsbeauftragten des Senats, Gerhard Kunze, regelmäßig besprochen. Man diskutierte auch Strategien, wie man Provokationen der anderen Seite begegnen könne, und entwarf Szenarien für mögliche Konfliktlösungen. Damals ahnte Ludwig Menzel nicht, daß der DDR-Staatssicherheitsdienst mit am Tisch saß. Einer der Kollegen Menzels, der Leiter des Weddinger Büros, Dr. Harald Müller, war der Stasi seit 1956 als Agent verpflichtet. Er hatte in West-Berlin Karriere gemacht und saß für die CDU in der Bezirksverordnetenversammlung von Charlottenburg, deren Vorsteher er zeitweise sogar war. Stasi-Minister Mielke hat sicherlich laut gelacht, als seinem Mann 1984 auch noch das Bundesverdienstkreuz verliehen wurde. Erst zehn Jahre später keimte ein Verdacht gegen Müller auf, der dann 1998 durch die Offenlegung der entsprechenden Akten der Gauck-Behörde – immerhin 22 Bände – bestätigt wurde.

Seitdem ist Müller öffentlichkeitsscheu geworden und mag sich zu seiner Tätigkeit nicht mehr äußern.

Unmittelbar vor Weihnachten 1989 hob die DDR den Visumszwang für die Besucher aus dem Westen auf. Damit entfiel auch die Geschäftsgrundlage für die Besucherbüros, die ihre Tätigkeit einstellten. Am allerletzten Tag wurden die DDR-Angestellten ein wenig rührselig. Ihr Leiter äußerte sich verwundert, daß Ludwig Menzel an diesem Tag nicht anwesend war. Aber nach 17 Jahren Nervenkrieg hatte Menzel keine Lust auf verlogene Gesten. Er nahm sich einen Urlaubstag. Die Stasi-Angestellten waren für ihn abgefertigt.

Zwei der DDR-Mitarbeiter traf er später noch einmal wieder. Einer war als Pförtner in einem Ost-Berliner Bezirksrathaus tätig, der andere bei der Nahverkehrsauskunft im Bahnhof Alexanderplatz. Ludwig Menzel sprach ihn auf seine Uniform aus der Besucherbürozeit an und erhielt diese einige Tage später gegen eine Packung Pralinen als Dankeschön. Die Uniform war das originellste Abschiedsgeschenk der Senatskanzlei-Mitarbeiter für den langjährigen Besuchsbeauftragten Kunze, als dieser in den Ruhestand ging.

Auch eines seiner früheren Besucherbüros hat Ludwig Menzel noch einmal betreten, nämlich das im Forum Steglitz. Allerdings wurde er dabei nicht von Nostalgie geleitet, sondern von praktischen Erwägungen. Dort befindet sich heute die Sportabteilung einer Kaufhauskette. Die meisten Kunden wissen nichts von der Geschichte dieser Räume. Auch Ludwig Menzel hat damit abgeschlossen. Deshalb möchte er seinen wirklichen Namen nicht genannt wissen.

eds

Der Koch, der aus der Kälte kam

»Öffnen Sie bitte den Kofferraum!« Peter Gross wußte, daß es aus war. Er stand mit seinem gelben Austin Mini am Berliner Sektorenübergang Bornholmer Straße. Im Kofferraum lag seine Verlobte Christa Feurich, eine Bürgerin der DDR. Es war der 1. Februar 1975. Bis zum 16. Mai 1978 sollte es dauern, bevor Peter Gross und Christa Feurich die Freiheit wiedererlangen würden.

Ein Verräter war Gross und seiner Freundin zum Verhängnis geworden – und ein Buchstabe: das »Y«.

Peter Gross war Schweizer Staatsangehöriger. Der 26jährige war 1973 gerade von einer Tätigkeit als Küchenchef aus den USA zurückgekehrt, als er eine Stellenanzeige in einer Fachzeitschrift las: Der Schweizer Botschafter in der DDR suchte einen Koch. Abenteuerlust und das Interesse, Neues kennenzulernen, motivierten Gross, sich um die Stelle zu bewerben. Die DDR war ihm zu diesem Zeitpunkt nicht völlig unbekannt, da er schon häufig besuchsweise dort gewesen war.

Im Herbst 1973 trat Peter Gross die neue Stelle an und zog in die Residenz des Botschafters in der Pankower Kuckhoffstraße. Für seinen Pkw erhielt er ein rotes Kennzeichen, das ihn als Mitglied des technischen Personals einer Botschaft auswies und daher mit den Buchstaben »CY« begann. Das Nummernschild der Diplomaten führte ein »CD«. In der Praxis war dieser Unterschied ohne Bedeutung. Sowohl die Wagen der Diplomaten als auch die ihrer Mitarbeiter ließ man an den Grenzübergangsstellen zwischen Ost- und West-Berlin ohne Kontrolle passieren. Rechtlich waren die beiden Kategorien jedoch nicht dasselbe. Die Diplomaten genossen Immunität und konnten nicht verhaftet werden. Für ihre Privatangestellten galt dieses Privileg nicht.

Peter Gross lernte die Ost-Berlinerin Christa Feurich in einer Tanzbar kennen. Bald waren die beiden ein Paar. Wie die meisten DDR-Bürger wollte Christa Feurich gerne in den Westen reisen, der für Ost-Berliner so nah und doch unerreichbar war. Auch die junge Pharmazie-Ingenieurin wollte gerne einmal auf dem Kurfürstendamm spazierengehen.

Peter Gross erfüllte ihr diesen Wunsch. Er ließ sie in einer stillen Seitenstraße in den Kofferraum seines Minicoopers steigen und fuhr über den Ausländerübergang Checkpoint Charlie in den Westen. An der Grenze ging alles glatt. Gross zeigte seinen Ausweis, eine Fahrzeugkontrolle fand nicht statt.

Er brachte seine Freundin zum Kurfürstendamm und setzte sie dort ab. Während Christa Feurich ihre ersten Schritte auf West-Berlins Glamourmeile ging, fuhr Gross noch einmal zurück, um eine andere Bekannte – die Freundin eines Freundes – auf dieselbe Weise zu holen.

Das junge Paar verbrachte ein touristisches Wochenende in West-Berlin. Sie gingen einkaufen, besuchten eine Kinovorstellung und schauten sich die Stadt an. Am Sonntag fuhren sie zurück nach Ost-Berlin, Christa Feurich wieder im Kofferraum. Die zweite Frau blieb in West-Berlin.

Peter Gross hatte die Berliner Mauer überwunden. Diese Erkenntnis machte ihn euphorisch. In den nächsten Monaten überlegte er, mehrere Menschen aus Ost-Berlin auszuschleusen. Dabei ging es Gross nicht um Geld, er war kein kommerzieller Fluchthelfer. Er wollte einfach die staatlich verordnete Unfreiheit der DDR nicht tatenlos hinnehmen.

Der Staatssicherheitsdienst der DDR bekam bald Wind

von diesen Aktionen. Am 28. November 1974 legte die Diensteinheit II/9 einen »Operativ-Vorgang ›Schleuse‹« an. Zur Begründung hieß es: »Einige Mitarbeiter der schweizerischen Botschaft in der DDR stehen im Verdacht, an der Ausschleusung von DDR-Bürgern beteiligt zu sein oder diese selbst durchzuführen.«

Als die beiden Informellen Stasi-Mitarbeiter »Dieter« und »Peter« ihrer Behörde Näheres über Gross berichteten, legte diese als »Maßnahme« fest: »Die Zielstellung der Bearbeitung des Gross bleibt ein Nachweis seiner Schleusertätigkeit auf frischer Tat.«

Peter Gross merkte nichts davon, daß der Staatssicherheitsdienst der DDR ein Auge auf ihn geworfen hatte. In seinen Bekannten Dieter und Peter, die er bei einer Autopanne kennengelernt hatte, vermutete er niemanden, der ihm übelwollte.

Aber die Falle war gestellt, als Christa Feurich am 1. Februar 1975 wieder in den Kofferraum stieg, um mit Peter Gross nach West-Berlin zu fahren. Diesmal sollte es für immer sein. Der Zeitvertrag von Peter Gross lief bald aus, das Paar wollte heiraten.

An der Grenze jedoch war die Hochzeitsreise zu Ende. Peter Gross und Christa Feurich wurden schon erwartet und festgenommen. Sie waren mit ihrer Liebe in die Wirren des Ost-West-Konflikts geraten und dort (vorerst) gestrandet.

Als wäre das nicht genug, wurden die beiden nun auch noch Bauernopfer der großen Politik. In der Schweiz waren im September 1973 zwei DDR-Spione verhaftet worden, die dort großen Schaden angerichtet hatten. Ihre Verurteilung stand unmittelbar bevor. Der Schweizer Botschafter kabelte an die Zentrale in Bern, man müsse damit rechnen, daß die DDR einen Schweizer Staatsbürger wegen eines Delikts festnehmen und dieses dann so aufbauschen werde, daß man ein »Tauschobjekt« für die beiden Meisterspione hätte. Botschafter Miesch konnte nicht ahnen, daß sein eigener Koch die Rolle des Sündenbocks spielen müßte.

Der Prozeß gegen Gross wegen »mehrfach(er) Beihilfe zum vollendeten ungesetzlichen Grenzübertritt einer DDR-Bürgerin und versuchte(r) Beihilfe zum ungesetzlichen Grenzübertritt« (so der Haftbefehl) wurde systematisch verzögert. Kaum waren die DDR-Spione in der Schweiz zu je sieben Jahren Haft verurteilt worden, schickte die DDR Peter Gross für fünf Jahre, seine Verlobte für viereinhalb Jahre nach Bautzen.

Unmittelbar nach dem Urteil signalisierte die DDR der Schweiz, man sei bereit, Gross und Feurich gegen ihre beiden Agenten freizugeben. Aber die Schweiz spielte nicht mit. Sie weigerte sich, zwei Spione gegen Personen auszutauschen, die nichts anderes versucht hatten, als ihr Menschenrecht auf Freizügigkeit in Anspruch zu nehmen. So ehrenwert die Haltung im Prinzip sein mag, so nachteilig war sie für die Betroffenen. Peter Gross und Christa Feurich saßen im berüchtigten Stasi-Zuchthaus Bautzen II, wo sie sich während der ganzen Haftzeit nur einmal für eine halbe Stunde sehen durften. Zwei Begnadigungsgesuche des Vaters von Gross brachten genausowenig Erfolg wie die Anträge des Anwaltes auf vorzeitige Haftentlassung. Die DDR wollte ihre Geiseln nicht ohne Gegenleistung hergeben.

Erst drei Jahre später kam wieder Bewegung in den Fall. Die Schweiz erklärte sich nun, nachdem die bei ihnen inhaftierten Spione einen Teil ihrer Strafe abgesessen hatten, bereit, diese ziehen zu lassen. Am 11. Mai 1978 wurde dem DDR-Botschafter in Bern eine entsprechende Mitteilung gemacht. Am nächsten Tag eröffnete das DDR-Außenministerium einem Vertreter der Schweizer Botschaft in Ost-Berlin, man werde Gross und seine Freundin in einigen Tagen freilassen und ihnen die Ausreise aus der DDR gestatten.

Offiziell wurde jeder Zusammenhang zwischen den beiden vorzeitigen Freilassungen geleugnet. Aber auch der Schweizer Diplomat Paul Widmer, der in einem Buch über die Schweizer Gesandtschaft diesen Fall dokumentiert hat, läßt keinen Zweifel, wenn er über Gross schreibt: »Ohne den Spionagefall Wolf wäre er wohl, wie schon einige Schweizer vor ihm, nach der Ermittlung ohne viel Aufhebens in die Schweiz abgeschoben worden.«

Der Fall von Peter Gross und Christa Feurich war der tatsächliche Hintergrund eines erfolgreichen deutschen Kinofilms in den 80er Jahren: ›Einmal Ku'damm und zurück‹. Im Film hat der Koch in West-Berlin einen Unfall, bei dem die Freundin im Kofferraum verletzt wird. Die Angelegenheit wird entdeckt. Sie geht zurück nach Ost-Berlin, er wird fristlos entlassen und kehrt heim in die Schweiz.

Im richtigen Leben war der Fall komplizierter, hatte aber ein »Happy-End«. Ein halbes Jahr nach ihrer Freilassung haben Peter Gross und Christa Feurich geheiratet. Sie betreiben in der Schweiz zwei Restaurants.

Mehr als 20 Jahre sind seitdem verstrichen. Dennoch gibt es Dinge, die das Paar bis heute nicht kaltlassen. »Vor allem«, sagt Peter Gross, »ärgert uns, daß man die Inoffiziellen Mitarbeiter der Stasi, die uns das eingebrockt haben, nicht belangen kann.« Peter und Christa Gross hatten Strafanzeige gegen die beiden Verräter gestellt, mußten sich jedoch vom Staatsanwalt beim Kammergericht belehren lassen, daß man den beiden Spitzeln strafrechtlich keinen Vorwurf machen könne. Schließlich hätten sie sich im Rahmen der Gesetze der DDR bewegt, und die seien zur Tatzeit maßgeblich gewesen. Daran ändere auch nichts, daß die Höhe des Strafmaßes wohl ein »schwerer, offensichtlicher Verstoß gegen die Menschenrechte« gewesen sei. Die Verräter hätten ja auf das Strafmaß keinen Einfluß gehabt und hätten mit einem »solchen exzessiven Vorgehen der DDR-Justizorgane« nicht rechnen müssen.

So ganz ahnungslos waren die beiden allerdings nicht. Immerhin wußte der Stasi-Oberleutnant Krauspe in einem Vermerk, der zwei Tage nach der Verhaftung erstellt wurde, zu berichten, die beiden Zuträger hätten sich »über das Ergebnis unserer bisherigen gemeinsamen Zusammenarbeit erfreut« gezeigt.

Vielleicht erinnert IM »Peter« sich noch heute gelegentlich an seinen »Erfolg«, wenn er seine Adresse angibt. Er wohnt im Berliner Umland in der »Züricher Straße«.

Ein Antrag auf Haftentschädigung, den Peter Gross noch an die DDR-Regierung unter Hans Modrow stellte, wurde ebenfalls abgelehnt. Aber auch über seine eigene Regierung hat Gross nicht schlecht gestaunt. Nur vier Wochen nach seiner Rückkehr in die Schweiz erhielt er von den Behörden eine Rechnung über 1630,90 Schweizer Franken für »Mühewaltung«. Jeder Haftbesuch eines Schweizer Diplomaten war ihm in Rechnung gestellt worden. Da sei, mutmaßt der Schweizer Gesandte Widmer in seinem Buch, »das Augenmaß für politische und humanitäre Gesichtspunkte wohl getrübt worden«.

eds

Einkaufsparadies im Osten

Der Anruf aus dem Büro von Erich Honecker klang wie eine Weisung. Der erste Mann im Staate brauche einen neuen Anzug. »Ich habe ihm gesagt«, erzählt Kurt Hartwig, »wir schicken einen Schneider, damit er Maß nehmen kann.« Das komme nicht in Frage, beschied der Mitarbeiter. »Sie kriegen einen Anzug vom Generalsekretär. Den lassen Sie auseinandernehmen und vermessen.« Und genau nach dieser Vorlage sei das neue Kleidungsstück zu nähen.

»Unsere Schneider waren gute Leute«, sagt Hartwig, »erstklassige Handwerker mit einem ausgeprägten Berufsethos.« Die lehnten ab. Ohne Maßnehmen und Anprobe gehe das nicht. Das sah schließlich auch der Honecker-Gehilfe ein. »Dann mußte einer meiner Leute ins ZK-Gebäude«, erinnert sich Hartwig. »Später haben wir im Atelier eine Puppe mit den Originalmaßen des Staatsratsvorsitzenden gehabt.«

Die Schneiderwerkstatt gehörte zum staatlichen Unternehmen Versina, das Hartwig mehr als zwei Jahrzehnte leitete. Der Name stand für Versorgung Inland-Ausland. Und die Aufgabe der Firma war es, Angehörigen von DDR-Missionen sowie in Ost-Berlin akkreditierten Diplomaten standesgemäß mit Waren und Serviceleistungen dienstbar zu sein. »Auf unser Angebot war ich stolz«, sagt der Ex-Chef. »Es ging schließlich um das Ansehen der DDR.«

Die Anproberäume der Schneiderei waren in einem Gebäude in Berlin-Mitte. Ecke Mauer-/Leipziger Straße. »Der Laden war immer ausgebucht«, berichtet Hartwig. Es kamen nicht nur Kunden aus den Botschaften, es gab auch eine »Nomenklaturliste« mit den Namen von SED-Promis, die sich in der besten Schneiderei der Republik einkleiden konnten. Rund 70 Fachkräfte waren damit beschäftigt.

Verwendet wurden nur beste Stoffe, die über den staatlichen Außenhandel besorgt wurden, und auch die Preise waren günstig. »Für einen guten Anzug – reine Schurwolle – mit Sakko, Hose und Weste zahlte man 600 Mark«, erinnert sich Kurt Hartwig. Das war für Diplomaten, die sich Ost-Geld billig zum Schwarzmarktkurs in West-Berlin besorgen konnten, fast geschenkt.

Mit der Anerkennungswelle Anfang der 70er Jahre, als sich immer mehr westliche Botschaften in Ost-Berlin etablierten, stieg Versina ins harte Devisengeschäft ein. In der Otto-Grotewohl-Straße (heute Wilhelmstraße), schräg gegenüber dem »Haus der Ministerien«, richtete die Firma einen Valutashop für Diplomaten ein, mit zoll- und steuerfreien Waren, vor allem Zigaretten, Spirituosen und Kosmetika.

»Die Preise waren interessant«, meint der Ex-Chef rückblickend. Konkurrenzlos niedrig, könnte man auch sagen. Eine Stange West-Zigaretten für 5,50 DM (in den 80er Jahren acht bis zehn DM) oder eine Flasche Weinbrand für 2,80 DM – eine solches Angebot lockte zu Großankäufen und zum Weiterverkauf.

Natürlich wußten die Versina-Mitarbeiter, daß die Kunden mit den CD-Klappkarten nicht nur ihren eigenen Bedarf deckten. Doch verkauft wurde ohne Mengenbeschränkung. Es gab Abnehmer, die orderten bei einem einzigen Besuch 100 oder auch 200 Stangen Zigaretten, bis die Kofferräume ihrer Autos randvoll waren.

Die Billig-Ware wurde häufig an Händler und Hehlerringe in West-Berlin abgesetzt. »Man konnte auf diese Weise viel Geld verdienen«, sagt Kurt Hartwig. »Es hatten sich richtige Schmugglerrouten entwickelt.« Vor allem Vertreter afrikanischer Staaten und anderer Entwicklungsländer besserten durch solche illegalen Geschäfte ihr Gehalt auf.

Mal schickten sie Kuriere mit vollen Taschen und Koffern per U- und S-Bahn in den Westen, mal brachten sie die Versina-Käufe in ihren eigenen Autos über die Sektorengrenze. Das war nicht ohne Risiko, denn der West-Berliner Zoll hatte längst mitbekommen, was da lief. Und weil die in der DDR akkreditierten Diplomaten im Westteil der Stadt keine Immunität genossen, wurde am Checkpoint Charlie und anderen Grenzübergängen auf der Westseite stichprobenartig kontrolliert.

Zwar war der Schwarzhandel damit nicht gänzlich zu unterbinden. Aber ab und zu ging den West-Zöllnern schon ein schmuggelnder Botschaftsrat oder ein Missionschauffeur ins Netz. Dann wurde nicht nur die Ware beschlagnahmt, sondern mitunter das Auto gleich mit. Und eine empfindliche Geldstrafe gab es obendrein. »Das war uns natürlich politisch unangenehm«, sagt ein früherer Abteilungsleiter im DDR-Außenministerium, »aber unterbinden konnten wir das auch nicht. Wir hatten ja keinen direkten Einfluß darauf.«

Für die DDR war der Diplomatenladen ein gutes Geschäft. »Der Umsatz ist ständig gestiegen«, sagt Hartwig. Jedes Jahr konnte er einen zweistelligen Millionenbetrag an D-Mark abführen. Den Großeinkauf der angebotenen Produkte besorgte das Unternehmen Asimex aus dem Firmenimperium des Devisenbeschaffers Alexander Schalck-Golodkowski. Alle paar Wochen durfte Hartwig selbst nach West-Berlin fahren, um in Großmärkten Ware zu ordern, darunter auch frisches Obst und Lebensmittel.

Ende der 70er Jahre wurde der Laden zu klein. »Da bin ich zu Schalck gegangen und habe gesagt: Das Ende der

Fahnenstange ist erreicht. Wenn wir mehr Umsatz machen wollen, brauchen wir größere Räumlichkeiten«, erinnert sich der Versina-Direktor. Er schlug einen Neubau in Marzahn vor, den er von einer schwedischen Firma errichten lassen wollte. »Ihr seid doch verrückt«, bekam er zur Antwort, »welcher Diplomat will denn so weit fahren.«

Unterstützung kam vom Außenministerium. Die Lage sei kein Problem. In Madrid zum Beispiel liege der Diplomatenshop auch außerhalb der Stadt. »Da fielen sie langsam um«, erzählt Hartwig. »Wir durften mit ein paar Spezialisten zu Verhandlungen nach Stockholm fahren.« Man wurde sich einig. »Bald darauf kamen die Schweden und bauten das Ding auf.«

Anfang der 80er Jahre war der Neubau fertig. Das Sortiment wurde beträchtlich erweitert. Japanische Fernsehgeräte gehörten ebenso dazu wie westdeutsche Wasch- und Spülmaschinen. Neben dem Valutashop mit 800 Quadratmetern Verkaufsfläche gab es noch einen zweiten, wesentlich kleineren Laden. Für »bevorzugte Personen«, zumeist Diplomaten aus sozialistischen »Bruderländern«, die gegen Mark der DDR einkaufen durften.

Für die Versorgung der sowjetischen Kolonie unterhielt Versina in der Botschaft Unter den Linden eine Sonderfiliale. Zur Eröffnung hatte sich die Leitung etwas Besonderes ausgedacht: Neben hochwertigen DDR-Erzeugnissen wurden dem Personal der Mission auch vertraute Produkte aus verschiedenen Republiken des Riesenreiches offeriert. Dafür hatte Hartwig ein Schild auf russisch malen lassen: »Waren aus der Heimat«. Das war als freundliche Geste gedacht.

»Als ich am Morgen dorthin kam, hatte sich um den Stand eine Traube von Menschen gebildet«, erzählt Hartwig. »Die Leute zeigten auf das Schild und lachten.« Er trat näher und las den Text. »Heimliche Ware«, stand da in der Sprache des großen Bruders. »Das war fehlerhaft übersetzt. Aber gestimmt hat es irgendwie doch.«

Als der gelernte Kaufmann, gebürtiger Danziger, Jahrgang 1922, Ende der 60er Jahre an die Spitze von Versina kam, hatte er rund 50 Mitarbeiter. Bei seinem Ausscheiden 1987 waren es rund 450 – eine gute Truppe von Fachleuten: versierte Einkäufer, Versandspezialisten, Ökonomen. Wer mit West-Kunden Kontakt hatte, mußte »über das Schüttelsieb« der Stasi. Die Verkäuferinnen im Valutashop waren meistens Ehefrauen von Funktionären. »Das war wegen der Diplomaten so vorgegeben.«

Eine spezielle Abteilung war der Geschenkdienst. Er sorgte dafür, daß DDR-Delegationen, die ins Ausland reisten, angemessene Präsente dabeihatten, und daß offizielle Gäste des Arbeiter-und-Bauern-Staates etwas Kostbares mit nach Hause nehmen konnten. Kristallgläser, Schnitzereien aus dem Erzgebirge, Suhler Jagdwaffen, ledergebundene Bücher und vieles andere, was in der DDR rar war. An erster Stelle stand da das Meißner Prozellan. »In den ersten Jahren hatte ich jede Menge davon«, sagt Hartwig. Doch in den 80er Jahren, als die Devisenlage der DDR immer angespannter wurde, stockte der Nachschub aus der sächsischen Manufaktur. »Die Regierung meinte, man sollte es lieber exportieren.«

Manchmal geht der Rentner Hartwig zu seiner alten Wirkungsstelle. In der früheren Versina-Kaufhalle ist jetzt die Metro. »Ein komisches Gefühl. Da steckt ja das halbe Leben drin.« Einige Gesichter sind ihm noch vertraut, denn ein großer Teil der alten Belegschaft durfte bleiben. »Sogar den Parteisekretär haben sie übernommen.«

pp

Reichsbahner gegen Reichsbahn

Die streikenden Eisenbahner wußten, daß sie auf verlorenem Posten standen. Eine Woche zuvor, am 17. September 1980, hatten sie den Containerbahnhof an der Heidestraße in Berlin-Moabit besetzt und den Güterverkehr auf den Schienen lahmgelegt. Nun aber drohte der Arbeitskampf an mangelnder Unterstützung zu scheitern. »Wir sind verzweifelt und fühlen uns im Stich gelassen«, sagte ein Sprecher des sich auflösenden Streikkomitees.

Von Tag zu Tag war der Druck auf die Akteure des Ausstandes gewachsen. Ihr Arbeitgeber, die unter DDR-Verwaltung stehende Deutsche Reichsbahn, lehnte Verhandlungen strikt ab. Je länger sich die Kraftprobe hinzog, desto größer wurde die Gefahr, daß die Direktion in Ost-Berlin das Gelände durch Bahnpolizisten räumen lassen würde. Vom West-Berliner Senat und seiner Polizei war keine Hilfe zu erwarten. Als dann auch noch Vertreter der britischen Schutzmacht erklärten, die Besetzung sei rechtswidrig und die Streikenden täten gut daran, den Containerbahnhof freiwillig zu verlassen, lenkten die Eisenbahner ein.

Am Abend des 23. September, gegen 22 Uhr, beendeten sie ihre Aktion und formierten sich zu einem Demonstrationszug. Auf einigen Pappschildern war die trotzige Parole zu lesen: »Wir streiken weiter.« Doch als zwei Tage später noch einmal 350 Streikende in der Charlottenburger Schillerschule zusammenkamen, um über die verfahrene Situation zu beraten, war der Wille zum Widerstand erloschen. »Die Stimmung war deprimiert«, erinnert sich Jürgen Westphal. »Es war, als wenn man einen Luftballon ansticht, aus dem die Luft entweicht. Es gab keinen Motor mehr, keine Organisation. Damit war der Streik tot.«

Westphal nahm an der Zusammenkunft nur als Beobachter teil. Als Beschäftigter der West-Berliner Niederlassung der Deutschen Bundesbahn hatte er mit dem Arbeitskampf nicht unmittelbar zu tun. Denn der wurde zwischen der Ost-Berliner Reichsbahn und ihren West-Berliner Mitarbeitern ausgetragen. Dennoch war Westphal nicht unbeteiligt. Der Hauptvorstand der Gewerkschaft der Eisenbahner Deutschlands (GdED), der in Frankfurt am Main saß und dem Westphal als ehrenamtliches Mitglied angehörte, hatte ihn für eine Woche freigestellt, um in der West-Berliner DGB-Zentrale die überlasteten Kollegen von der Gewerkschaft der Eisenbahner Deutschlands zu unterstützen.

»Die hauptamtliche Bezirksleitung der GdED war mit zwei Mann besetzt«, sagt Westphal. »Aber das Haus war überfüllt. Reichsbahner kamen in Scharen und fragten nur um Rat. Aber was konnten wir machen? Ihr habt unsere Sympathie, haben wir ihnen gesagt. Aber wir können nichts tun für euch. Uns sind die Hände gebunden.«

Denn die GdED konnte nur die Interessen ihrer Mitglieder vertreten, die Angestellte der Bundesbahn, nicht der Reichsbahn waren. Die Bundesbahn unterhielt zu dieser Zeit in Berlin (West) lediglich eine Verwaltungsstelle mit rund 300 Mitarbeitern, unter ihnen etwa 100 Beschäftigte der Sonderverwaltung für das ehemalige Reichsbahnvermögen, über das der Berliner Finanzsenator wachte. Das Gros der in West-Berlin tätigen Eisenbahner war bei der Reichsbahn der DDR beschäftigt. Die gewerkschaftliche Vertretung dieser knapp 3000 Bediensteten war der kommunistische FDGB.

»Die Reichsbahner hatten meine volle Solidarität«, sagt Westphal. »Die waren mit Leib und Seele Eisenbahner.

Zum Teil stammten sie aus Familien, die seit Generationen bei der Bahn arbeiteten. Aber sie litten nun unter ihrem politischen Image, denn das war im Westen außerordentlich schlecht. Sicher, es gab ein paar junge Leute aus strenggläubigen kommunistischen Familien, die aus politischer Überzeugung zur Reichsbahn gegangen waren. Viele junge West-Berliner, die zur Bahn wollten, zogen jedoch ins Bundesgebiet. Mit dem Nachwuchs hatte die Reichsbahn große Probleme.«

Das lag nicht zuletzt an der Bezahlung. Zwar bekamen die West-Berliner Reichsbahner, von denen eine Minderheit der kommunistischen, von Ost-Berlin gesteuerten SEW angehörte, ihre Löhne und Gehälter in D-Mark ausbezahlt. Und sie verdienten auch mehr als ihre Reichsbahn-Kollegen im Osten. Aber im Vergleich zu den Bundesbahnern standen sich die Reichsbahner in West-Berlin deutlich schlechter. Ihre Einkünfte lagen um 20 bis 25 Prozent niedriger. Auch sozial waren sie benachteiligt. »Reichbahner hatten keine freie Arztwahl«, berichtet Westphal. »Wenn sie krank wurden, mußten sie in die Poliklinik der Reichsbahn gehen. War die Erkrankung ernsthaft, mußten sie sich stationär in Ost-Berlin behandeln lassen.«

Am 11. September teilte die Reichsbahn-Direktion mit, daß die Bezüge ihrer Bediensteten in Berlin (West) angehoben würden. Die Erhöhung war jedoch minimal und lag deutlich unter der Inflationsrate. Als kurz danach auch noch bekannt wurde, daß mit der geplanten drastischen Einschränkung der S-Bahn-Frequenz in den späten Abendstunden Lohnzuschläge wegfallen würden, entlud sich der Unmut in spontanen Arbeitsniederlegungen.

»Es gab einen führenden Kopf. Sein Name ist mir leider nicht mehr erinnerlich«, sagt Jürgen Westphal. »Dieser Kollege saß im Moabiter Containerbahnhof. Er hat auch die erste Versammlung einberufen.« 600 Reichsbahner nahmen daran teil. Sie wählten am 18. September ein Streikkomitee, bestehend aus 20 Eisenbahnern. »Der Ausstand hat alle überrascht«, erinnert sich Westphal. »Weil es ohne Ankündigung und ohne Urabstimmung losging. Niemand war darauf vorbereitet, am wenigsten wohl die Reichsbahn.«

Nicht etwa, daß die Machthaber in Ost-Berlin überhaupt keine Erfahrung mit rebellischen Eisenbahnern gehabt hätten. Im Mai 1949, noch vor Gründung der DDR, verweigerten West-Berliner Reichsbahn-Beschäftigte ihrem Dienstherrn den Gehorsam. Bei gewaltsamen Zusammenstößen hatte es Tote und Verletzte gegeben. Und die Reichsbahn hatte einem Teil der Unbotmäßigen fristlos gekündigt. Seither galt die ideologische Regel, daß sich die Werktätigen als »herrschende Klasse« nicht selber bestreiken dürften.

Um die Kommunikation unter ihren streikwilligen Beschäftigten zu erschweren, legte die Reichsbahn-Direktion die dienstlichen Telefonleitungen still. Aber damit war der Ausstand nicht mehr einzudämmen. Immer mehr Reichsbahner schlossen sich dem Arbeitskampf an. Sie legten die S-Bahn und den Güterfernverkehr lahm, besetzten Güterbahnhöfe und Stellwerke. Schließlich schafften sie es sogar, den Personenverkehr zwischen West-Berlin und dem Bundesgebiet zu unterbrechen. Auf dem Höhepunkt des Konflikts waren an den Streikaktionen zwischen 500 und 1000 Reichsbahner beteiligt.

Bei den DDR-Oberen stießen die Forderungen nach höheren Löhnen, sozialen Verbesserungen und Vertretung durch freie Gewerkschaften auf taube Ohren. »Mit Provokateuren verhandeln wir nicht«, verkündete die Reichsbahn-Spitze und beschimpfte die Streikenden als »Rowdies« und »Terroristen«. Mehrere Dutzend Streikende wurden wegen Arbeitsverweigerung fristlos gekündigt.

Aber auch die politisch Verantwortlichen in West-Berlin betrachteten den »wilden« Arbeitskampf mit zwiespältigen Empfindungen. Einerseits versicherte der Regierende Bürgermeister Dietrich Stobbe (SPD), er verfolge den Streik »mit Sympathie«. Andererseits sorgten sich Senat und Alliierte, durch die Blockade der Transit-Schienenwege könnten vitale Interessen der eingemauerten Stadthälfte und ihrer Bevölkerung beeinträchtigt werden.

Die Gefahr, daß der komplizierte Rechtsstatus auf den Schienen und Bahnhöfen durch den Ausstand aus der Balance geraten könnte, war nicht von der Hand zu weisen. Die Grundlage dafür bildete die Entscheidung der Sowjets nach dem Zweiten Weltkrieg, den Betrieb der Eisen- und S-Bahn in ganz Berlin der Reichsbahn zu übertragen. Die Westmächte waren damit einverstanden, behielten sich aber vor, in ihren Sektoren die Hoheitsrechte auszuüben.

Unabhängig von diesen Vollmachten der Alliierten besaß die Reichsbahn für die in West-Berlin befindlichen Betriebe und Anlagen das Hausrecht. »Für Ruhe und Ordnung sollte die Bahnpolizei sorgen«, sagt Jürgen Westphal. »Das waren in aller Regel West-Berliner Eisenbahner. Sie trugen eine blaue Uniform, aber keine Waffen. Nur einen Gummiknüppel. So gingen sie auch durch die S-Bahnzüge. Und dann gab es noch die Transportpolizei. Die agierte aber nur in Ost-Berlin und in der DDR. In West-Berlin hatten sie nichts zu suchen.« Offiziell jedenfalls. Und nicht in Uniform. Aber wer konnte in West-Berlin schon genau wissen, ob die Bahnpolizei in diesen krisenhaften Tagen nicht durch Ost-Berliner Trapo-Leute in Zivil verstärkt wurde?

Etwa an jenem Sonnabend, es war der 20. September,

als Ordnungshüter der Reichsbahn das von streikenden Eisenbahnern besetzte Stellwerk Halensee stürmten. Mit Äxten und Brechstangen zerschlugen sie die Eingangstür und zertrümmerten Mobiliar, hinter dem sich die Streikenden verschanzt hatten. Die Bedrängten riefen West-Berliner Polizei zu Hilfe. Die forderte alle nicht streikenden Personen auf, das Stellwerk zu verlassen. Tatsächlich wurde der Appell befolgt.

Aber schon ein paar Stunden später tauchten erneut einige Dutzend Männer, teils in Bahnuniform, teils in Zivil, vor dem Gebäude auf, um es im Handstreich zu nehmen. Wieder stellten sich Polizeibeamte des Senats dazwischen, bemüht, den Konflikt nicht in Gewaltanwendung ausarten zu lassen. Tags darauf dieselbe Situation. Erneut drang ein Trupp Bahnpolizisten ins Stellwerk ein. Die Streikenden wurden vertrieben. Auf der Straße sammelten West-Berliner Passanten spontan Geld für die Eisenbahner. »Warum«, so fragte einer von ihnen, »wird das nicht alles vom Senat übernommen?«

Getragen von einer Welle der Sympathie und Anteilnahme, verloren die Streikenden den Sinn fürs Machbare. Sie weigerten sich, überhaupt noch unter Leitung der DDR-Reichsbahn zu arbeiten. Der Senat solle mit Ost-Berlin und den Alliierten die Übernahme der Betriebsrechte aushandeln. »Ich kann nicht erkennen«, wies Dietrich Stobbe die Eisenbahner zurecht, »daß eine Bereitschaft zur Veränderung der Grundlagen bei auch nur einem Verantwortlichen vorhanden ist.« Es könne keinen Zweifel daran geben, daß der Status quo im Gesamtinteresse der Stadt liege.

Spätestens jetzt wurde den Streikenden bewußt, daß sie überzogen hatten und daß sie in dieser Auseinandersetzung nicht mehr gewinnen konnten. Das Streikkomitee löste sich auf. Die Reichsbahn verschickte rund 200

Kündigungen. Bei den West-Berliner Arbeitsämtern ließen sich etwa 350 Eisenbahner als arbeitslos registrieren. »Einige haben wir zur Bundesbahn ins Bundesgebiet vermittelt«, sagt Jürgen Westphal. »Die meisten sind in fremde Berufe gegangen.« Eine nachhaltige Wirkung dieses Arbeitskampfes hat er nicht erkennen können: »Es war wie ein Sturmwind, der plötzlich die Stadt erfaßte und genausoschnell wieder abebbte.«

pp

Pinky, komm zurück!

Hunde sind neugierig. Und abenteuerlustig. Wo konnte ein Hund im geteilten Berlin mal richtig was erleben und Dinge auskundschaften, die nicht mal Herrchen kannte? Natürlich an der Mauer. Nur so ist es zu erklären, daß immer wieder West-Berliner Hunde hinter der Mauer verschwunden sind, sicherlich ohne damit ein politisches Bekenntnis ablegen zu wollen.

Großes Aufsehen erregte ein kleiner schwarzer Cockerspaniel, als er am 19. Februar 1985 mit einem mutigen Sprung über das Bauwerk setzte, das West- und Osteuropa voneinander abgrenzte. Der Hund hatte auf einer Aussichtsplattform gestanden und war von dort auf die Mauerkrone gesprungen. Die war allerdings abgerundet und außerdem verschneit, so daß das Tier schnell die Balance verlor und auf der Ostseite der Mauer hinunterrutschte. Zu seinem Unglück stand knapp einen halben Meter hinter der neuen Betonmauer, von der er abgeglitten war, noch die alte Mauer aus Hohlblocksteinen, die die DDR 1961 errichtet hatte. Das Tier war also zwischen den Mauern gefangen.

Es dauerte nicht lange, bis West-Berliner Spaziergänger auf das bellende Tier aufmerksam wurden und die Polizei verständigten. Dadurch wurde eine Ost-West-Aktion der besonderen Art in Gang gesetzt.

Wenn es um die Grenze ging, waren die Alliierten zuständig. Da der Vorfall sich im Stadtbezirk Reinickendorf, also im französischen Sektor, ereignet hatte, war neben der West-Berliner Polizei auch schnell die Gendarmerie der französischen Schutzmacht zur Stelle.

Stundenlang versuchten sie nun, die Angehörigen der Grenztruppen der DDR auf den Vorfall aufmerksam zu machen. Allerdings erfolgte von »drüben« keine Reaktion. Daß man dort den Mauerspringer noch nicht wahrgenommen hatte, war sehr unwahrscheinlich. Schließlich diente das gesamte »Grenzregime« dazu, alles und jeden im Mauerbereich unter Kontrolle zu haben. Aber die DDR-Soldaten reagierten nicht, warteten vermutlich auf Weisung von oben. Der Berliner Senat richtete daher ein Fernschreiben an die DDR-Regierung, um auf den Grenzgänger hinzuweisen.

Der Cockerspaniel bedauerte mittlerweile seine Neugier und winselte kläglich.

Stunden später rückten dann die Grenztruppen der anderen Seite an, um das Tier aus seiner mißlichen Lage zu befreien. Das gestaltete sich allerdings schwierig, da der Streifen zwischen den beiden Mauern unzugänglich war. Unverrichteter Dinge zogen die DDR-Soldaten wieder ab.

Inzwischen hatte sich eine 60jährige Frau beim Berliner Senat gemeldet und angegeben, es handele sich um ihren Hund. Man werde, wurde ihr gesagt, alles tun, um das Tier zu retten, aber sie müsse sich gedulden.

Mittlerweile hatte die West-Berliner Öffentlichkeit über die Medien von dem Ereignis erfahren. Und wenn es um den Hund geht, bleibt der Berliner nicht ungerührt. Schnell bekam das Tier den Namen »Pinky«, abgeleitet von der Pop-Gruppe Pink Floyd, die ein Musikopus mit dem Titel ›The Wall‹ geschrieben hatte. Schaulustige pilgerten zur Mauer, um mit eigenen Ohren das Barmen des frierenden Haustiers zu hören. Futter wurde über die Mauer geworfen, auf daß der Hund nicht verhungere.

Die Rettungsbemühungen wurden am nächsten Tag fortgesetzt. Zwei Tage und Nächte sollte es allerdings dauern, bis das Tier befreit war. Die mittlerweile mit einem Kranwagen angerückten DDR-Pioniere versuchten, ein Stück der Mauer anzuheben, aber auch das wollte nicht gelingen, da die Elemente im Boden festgefroren waren. Die Tageszeitung ›Die Welt‹ schrieb damals: »Daß es dieses Tieres bedurfte, um sogar Teile der Berliner Mauer zu ›versetzen‹, wird wohl als Kuriosität in die Geschichte des menschenverachtenden Bauwerks eingehen.«

Es war dann doch der menschliche Einsatz, der die Aktion erfolgreich beendete. DDR-Grenzsoldaten wurden von ihrem Kranwagen in den Spalt zwischen den beiden Mauern abgeseilt und fingen »Pinky« unter Zuhilfenahme einer Decke ein. Von West-Berliner Seite aus unterstützte die Polizei die Aktion, indem sie mit Taschenlampen die nächtliche Szenerie ausleuchtete.

Pinky war gerettet, landete jedoch erst einmal in einem Ost-Berliner Tierheim. Die DDR-Regierung gab bekannt, ein circa einjähriger Cockerspaniel sei im Grenzgebiet geborgen worden. Das Ministerium für Auswärtige Angelegenheiten der Deutschen Demokratischen Republik forderte den Senat von Berlin auf, sich mit der Hauptabteilung für konsularische Angelegenheiten unter einer angegebenen Telefonnummer in Verbindung zu setzen.

Über diesen Kanal wurde die Rückführung des Hundes vereinbart. Ein DDR-Volkspolizist brachte das Tier an einem Grenzübergang bis an die Mauer, dort holte ein West-Berliner Polizeibeamter »Pinky« ab.

Wenn es um kleine Kinder oder niedliche Tiere geht, setzen Politiker sich wegen des Sympathieeffekts gerne in Szene. So wollte Innensenator Heinrich Lummer sich die Rückgabe des Hundes an seine Besitzerin nicht entgehen lassen und sie persönlich vollziehen. Allerdings nahm die Veranstaltung einen unerwarteten Verlauf: Die Dame erklärte energisch, dieser Hund sei nicht der ihre. Ihr »Cokky« habe einen weißen Fleck auf dem Kopf und nicht, wie der vor ihr stehende Hund, auf der Brust. Dann verließ sie ohne Hund das Büro.

Die Beamten der Innenverwaltung waren sprach- und ratlos. Was sollte nun mit dem Tier geschehen? Der an der ganzen Aktion beteiligte Amtsrat Oswald Herrmann nahm »Pinky« daraufhin mit nach Hause, bis der richtige Besitzer gefunden war.

Tatsächlich meldete sich einige Tage später eine Fotolaborantin, der der Hund gehörte. Schon kam allerdings auf Hund und Ersatz-Herr die nächste Überraschung zu. Die Dame erklärte nämlich, sie wolle den Hund nicht mehr haben. Sie sei gerade in eine Wohnung gezogen, in der Tierhaltung verboten sei. Da der Amtsrat der Innenverwaltung sich aber so gut um das Tier gekümmert habe, könne er den Cockerspaniel behalten. Umgehend brachte sie Oswald Herrmann Stammbaum und Impfbescheinigung ihres ehemaligen vierbeinigen Lebensgefährten. Und so konnte man in der ›Süddeutschen Zeitung‹ vom 27. Februar 1985 ein Bild von Oswald Herrmann und »seinem« Cockerspaniel sehen. Bildunterschrift: »Bleiben zusammen«.

Allerdings war »Pinky« keineswegs der einzige Hund, der einen Ausflug über die Mauer versuchte. Schon 1982 war die Schäferhündin Ninja in den Ost-Berliner Stadtbezirk Pankow ausgebüchst. Sie war ebenfalls von einer Aussichtsplattform gesprungen. Die verdutzte Besitzerin bekam von den DDR-Grenztruppen zu hören: »Wenden Sie sich an Ihre Ordnungsorgane.« In diesem Fall mußte die Ständige Vertretung der Bundesrepublik Deutschland eingeschaltet werden, um den Hund zurückzuführen.

An einen anderen Fall aus den frühen 80er Jahren erinnert sich ein Beamter, der zu dieser Zeit in der Senatskanzlei Mauer- und Grenzfragen bearbeitete.

»Eines Tages erhielten wir ein Fernschreiben des DDR-Außenministeriums, im Bereich der südlichen Grenze zwischen West-Berlin und der DDR sei ein Eskimohund zugelaufen. Weiter hieß es, man werde das Tier fünf Tage lang aufbewahren und gegen Erstattung der Futterkosten herausgeben. Sollte man in dieser Zeit nichts hören, werde das Tier eingeschläfert.«

Der Beamte war alarmiert und ging zu seinem Vorgesetzten. Formal völlig korrekt weigerte dieser sich jedoch, tätig zu werden. Die Funktionen des Senats von Berlin seien sehr bewußt auf Fragen des Reise- und Besucherverkehrs beschränkt. Der Beamte wies jedoch auf die Konsequenzen hin. »Bedenken Sie die Folgen, wenn der Hund wirklich eingeschläfert wird und herauskommt, daß wir davon im vorhinein wußten.«

So wurde ihm schließlich gestattet zu tun, was er für richtig hielt, allerdings mit der strikten Maßgabe, die Senatskanzlei dürfe dabei nicht in Erscheinung treten.

Der Beamte ermittelte anhand der im Fernschreiben mitgeteilten Steuernummer den Besitzer des Hundes und rief ihn an. Dieser war erstaunt, daß man schon vom Verlust des Huskys wußte, aber gleichzeitig erleichtert, daß ihm jemand helfen wollte, sein Tier wiederzubekommen. Der Beamte diktierte dem Besitzer dann ein Fernschreiben an das DDR-Außenministerium, das dieser vom Postamt Schöneberg aus abschickte. Darin stand, daß er einen Hund vermisse, der im Grenzbereich Waltersdorf ein Kaninchen gejagt habe und plötzlich auf der anderen Seite des Grenzzauns umherrannte. Am nächsten Tag wolle er zum nächstgelegenen Grenzübergang kommen, Futtergeld erstatten und seinen Hund in Empfang nehmen.

Als er dann am Grenzübergang erschien, war die Enttäuschung groß. Der Hund war nicht da. Allerdings wußten die Grenzsoldaten Bescheid und teilten ihm mit, die Zeit zwischen Fernschreiben und Termin sei zu kurz gewesen. Er möge am nächsten Tag wiederkommen, um seinen Hund zurückzuerhalten. So geschah es dann auch, Herr und Hund konnten ihr Wiedersehen feiern.

Am Tag darauf berichtete eine Boulevard-Zeitung über den Fall. Und wie vereinbart wurden Senatskanzlei und der Name des Beamten dabei nicht erwähnt. Dieser freute sich im stillen. Er hatte nicht nur dem Hund das Leben gerettet, sondern zieht auch ein politisches Resümee: »Wahrscheinlich hätte es den Regierenden Bürgermeister sein Amt gekostet, wenn es nicht gelungen wäre, das Tier zu retten.«

Damit hat er vermutlich recht, denn wenn es um Hunde geht, verstehen die Berliner keinen Spaß.

eds

Platz vier auf dem Teppich

Vor einem Staatsbesuch tüfteln die Protokollbeamten wochenlang am Programm und an den Einzelheiten des Ablaufs. Das mag Außenstehenden übertrieben erscheinen, ist politisch jedoch wichtig. Ein solcher Staatsbesuch ist nämlich wie jede zwischenmenschliche Kommunikation: Es kommt nicht nur darauf an, was gesagt wird, sondern auch, wie dieses geschieht. Das nonverbale Element einer internationalen Begegnung ist das Protokoll. Der Chef der Protokollabteilung ist daher keineswegs nur dafür verantwortlich, daß die Bestecke beim Festessen in der richtigen Reihenfolge neben dem Teller liegen, sondern er gestaltet die Politik mit und macht sie sichtbar. »Politik äußert sich im Protokoll«, resümiert Leopold Bill von Bredow seine Erfahrungen, und er fährt fort: »Schließlich ist das Protokoll nichts anderes als sinnfällig gewordene politische Entscheidungen.«

Von Bredow weiß, wovon er spricht. Als der Regierende Bürgermeister von Berlin, Richard von Weizsäcker, ihn 1984 als Protokollchef an die Spree holte, hatte er bereits Erfahrung als stellvertretender Leiter der Protokollabteilung des Auswärtigen Amtes, die für das auswärtige Protokoll des Bundespräsidenten, des Bundeskanzlers und des Bundesministers des Auswärtigen zuständig ist.

Der in Potsdam geborene und aufgewachsene Berufsdiplomat freute sich über die Möglichkeit, eine Zeit in seiner Heimatregion zu arbeiten. Vor allem aber reizte ihn die Aufgabe, denn Berlin war in der Zeit der deutschen Teilung für die Protokollarbeit ein heikles Terrain.

Rechtlich war die Stadt besetztes Gebiet unter alliierter Oberhoheit, politisch war die westliche Stadthälfte ein

Land der Bundesrepublik, international war sie ein Symbol sowohl für den Kalten Krieg wie für die Entspannungspolitik, immer wieder Zankapfel, Erpressungsobjekt und Verhandlungsgegenstand. Berlin beschäftigte Politiker in ganz Europa, während die über zwei Millionen Bürger West-Berlins vor allem eines wollten: in Ruhe ihr Leben gestalten.

Der Regierende Bürgermeister von Berlin, zu dessen engstem Beraterkreis der Protokollchef gehörte (und gehört), hatte eine einzigartige rechtliche Stellung. Anders als andere Länderministerpräsidenten verfügte er über eine eigene Autorität, die allerdings von den Alliierten auf Grund des Besatzungsrechts im Einzelfall beschränkt werden konnte und gelegentlich auch wurde. Diese Autorität zu nutzen, um Berlin voranzubringen, ohne den Konsens mit den Alliierten und der Bundesregierung aufzukündigen – darin bestand die Kunst der Berlin-Politik. Außerdem galt: Ein Streit mit den Alliierten durfte nicht nach außen dringen. Dabei gehörte Zwist zwischen dem Berliner Senat und den Schutzmächten durchaus zur Tagesordnung.

Äußerlich ging es dabei oft um Kleinigkeiten, die aber eben politische Bedeutung hatten: Wenn der Bundespräsident von seinem Bonner Amtssitz nach Berlin kam, erschienen zu seiner Begrüßung am Flughafen die alliierten Protokolloffiziere und der Berliner Protokollchef. Die Alliierten bestanden nun darauf, den Bundespräsidenten zuerst zu begrüßen. Damit sollte deutlich werden: Wir sind hier die Herren und damit auch die Gastgeber. Von Bredow beugte sich den Wünschen der Alliierten, da dieses Ritual unter Ausschluß der Öffentlichkeit auf dem Flughafen stattfand.

Anders war das, wenn protokollarische Prozeduren sich vor aller Augen abspielten. Dann war es schon wichtig, West-Berlin nicht nach außen als Kolonie erscheinen zu lassen. Gerade die jüngere Generation, die die Kriegs- und unmittelbare Nachkriegszeit nicht mehr bewußt erlebt hatte, hätte das nicht akzeptiert.

Um solche Fälle ging es beispielsweise, wenn ein ausländisches Staatsoberhaupt nach Berlin kam. Häufig geschah dies im Rahmen oder im Anschluß an einen Besuch, den der Gast bei der Bundesregierung in Bonn absolviert hatte. Bei einer solchen Visite ist nichts dem Zufall überlassen. Es ist genau festgelegt, wo der rote Teppich liegt, über den der Staatsgast schreitet – und wer wo an diesem Teppich zur Begrüßung plaziert ist. Die Alliierten ordneten an: Zuerst stehen dort ihre Vertreter, dann, weiter hinten der Regierende Bürgermeister. Aber Berlin als besetztes Gebiet, repräsentiert von ein paar Offizieren, die keiner kennt – das war natürlich nicht das Bild, das die Stadt dem ausländischen Gast und der internationalen Presse vermitteln wollte.

Leopold Bill von Bredow entwickelte daher für seinen Chef eine Taktik. Berlins »Regierender« hielt sich an die von den Schutzmächten verordnete Regelung und nahm hinten in der Reihe Aufstellung. Immer jedoch, wenn der Staatsgast dann tatsächlich den Teppich betrat, löste sich der Berliner Bürgermeister aus der Reihe und ging mit ausgestreckter Hand auf ihn zu. Der begrüßte natürlich den Regierenden Bürgermeister zuerst, da er ihn ja zumindest vom Bild her kannte. Jetzt hatte man die Fernsehbilder, die man wollte: Der König von Spanien kommt nach Berlin und wird dort vom Regierenden Bürgermeister empfangen.

Wenn die Staatsoberhäupter Großbritanniens, Frankreichs oder der USA nach Berlin kamen, betraten sie Territorium, auf dem sie die Inhaber der obersten Gewalt waren. Dies wollten sie bei ihren Besuchen durchaus deutlich machen – und sie ließen es die Berliner Verwaltung spüren.

In den Vorbereitungssitzungen zu solchen Besuchen gab es spürbare Spannungen. Leopold Bill von Bredow erinnert sich, daß anläßlich des Besuchs von US-Präsident Reagan 1987 ein offener Streit mit den Amerikanern nur knapp verhindert werden konnte. Der Stein des Anstoßes war hier vor allem ein Sicherheitskonzept der Amerikaner, das die Berliner Politiker zu Statisten degradiert hätte. Von Bredow nutzte seine persönliche Freundschaft mit wichtigen Vertretern der Alliierten, um einen offenen Krach mit den US-Repräsentanten zu vermeiden. Dabei war ihm durchaus klar, daß Berlin hier am kürzeren Hebel saß. Bei jeder dieser Auseinandersetzungen mußte der Protokollchef daher darauf achten, daß sie nicht grundsätzlich wurde, denn grundsätzlich waren die Alliierten die Nummer eins in Berlin.

Ein Zeichen der Ehrung eines ausländischen Staatsbesuchers ist die Motorradeskorte der Polizei, die seinem Fahrzeug vorausfährt. Als der französische Präsident Mitterrand 1987 Berlin besuchte, wollte die französische Besatzungsmacht allerdings nicht, daß er von der Berliner Polizei begleitet wurde, sondern wollte eine eigene Eskorte ihrer Gendarmerie. Die Frage, die sich in diesem Streit ausdrückte, war auf den Punkt gebracht: Wer ist der Hausherr in Berlin? Aus diesem Grund war auch von Bredow in den Gesprächen hartnäckig. Es kam zu einem Kompromiß: Mitterrand wurde von einer französischen Motorradeskorte begleitet, die wiederum von einer Berliner Polizeistaffel eskortiert wurde. Dies erwies sich durchaus als sinnvoll, da die französischen Polizisten – nicht gewohnt, solche Eskorten zu fahren – sich prompt verirrten. Aber damit war es noch nicht genug der Symbolik.

Auch die Briten wollten sich an diesem protokollarischen Gezerre beteiligen. Als Mitterrand vom französischen in den britischen Sektor kam, um am Kurfürstendamm das Maison de France zu besuchen, empfing ihn an der sonst nicht wahrnehmbaren Grenze zwischen dem französischen und dem britischen Sektor eine Militärkapelle Ihrer Majestät der Königin. Anschließend setzte sich eine britische Motorradeskorte an die Spitze des schon veritabel langen Zuges.

Die Alliierten feierten ihre Präsenz in Berlin jedes Jahr mit einer Militärparade auf der Straße des 17. Juni. Hierzu wurde auch die Berliner Prominenz eingeladen. Ein minutiöses Programm legte fest, wer wann zu erscheinen habe. Dabei galt die Regel: Wer zum Schluß kommt, ist am wichtigsten. Diesen Festlegungen zufolge, sollte der Regierende Bürgermeister deutlich vor den Vertretern der Alliierten kommen und auf sie warten. Auch hier griff die Berliner Politik zu einem Trick. Der Zeitplan wurde akzeptiert, aber bedauerlicherweise »verspätete« der Regierende Bürgermeister sich jedes Jahr um einige Minuten, so daß er gemeinsam mit den alliierten Stadtkommandanten eintraf.

Für die Koordinierung der Berliner Politik mit den Interessen von Paris, London und Washington waren spezielle Verbindungsoffiziere verantwortlich, die ihre Büros im Rathaus Schöneberg in unmittelbarer Nähe zum Regierenden Bürgermeister hatten. Auf Berliner Seite wurde diese Arbeit zwar vor allem von der Berlin-politischen Abteilung der Senatskanzlei, aber auch vom Protokollchef geleistet. Zu den Vertretern der Schutzmächte Vertrauen aufzubauen, sie zu »Stoßdämpfern« zu machen – das war eine wichtige Aufgabe des Protokollchefs. Von

Bredow wußte aus den Erzählungen seiner Vorgänger, daß die Siegermächte durchaus ruppig sein konnten. So wurden frühere Regierende Bürgermeister mehrmals von den Stadtkommandanten in deren Büro zitiert und mußten sich im Stehen die Vorhaltungen und Vorbehalte anhören. In den ersten Nachkriegsjahren wurde auch schon einmal die Verhaftung des Berliner Spitzenrepräsentanten angedroht.

So rauh war das Klima zwischen den Alliierten und dem Senat in späteren Jahren nicht mehr. Die Alliierten wußten, daß sie es bei den Berlinern – sowohl der Bevölkerung als auch der Stadtregierung – mit Freunden zu tun hatten, wenn auch mit solchen, die gelegentlich gegenläufige Interessen hatten. Den West-Berlinern andererseits war klar, daß sie ihre Freiheit den Alliierten verdankten.

Erhebliche Reibereien zwischen den Siegermächten und dem Berliner Senat gab es jedoch, als der Regierende Bürgermeister von Berlin, Richard von Weizsäcker, sich 1983 mit DDR-Staatschef Honecker in Ost-Berlin treffen wollte. Die Vertreter der drei Schutzmächte sahen hierin eine Gefährdung des Viermächtestatus der Stadt. Zu diesem Status gehörte die Auffassung, daß ganz Berlin den vier Mächten unterstehe. So wenig wie West-Berlin Teil der Bundesrepublik sein könne, gehöre daher Ost-Berlin zur DDR. Wenn von Weizsäcker sich jetzt mit dem Staatschef der DDR im Ostteil der Stadt treffe, würden die Rechte der Alliierten verletzt. Natürlich fürchteten sie auch, von den Deutschen übergangen und ihres politischen Einflusses beraubt zu werden. Der Berliner Senat teilte die Sorge um den Erhalt des Viermächtestatus von Berlin, der der beste Schutz West-Berlins vor Pressionen von seiten der DDR war. Gleichzeitig wollte man im Rathaus Schöneberg jedoch praktische Lösungen erreichen, die es den Berlinern aus West und Ost leichter machten, sich zu begegnen und ihre Beziehungen untereinander zu erhalten beziehungsweise aufzubauen. Der West-Berliner Regierende Bürgermeister und seine Berater fanden mit den Alliierten schließlich eine elegante Lösung: Von Weizsäcker und Honecker begegneten sich »als deutsche Politiker«.

1988 verließ Leopold Bill von Bredow turnusgemäß Berlin, um in New York Generalkonsul zu werden. Danach folgten vier Jahre als deutscher Botschafter in Griechenland und zwei Jahre in Bukarest. Im Januar 1998 ging er in den Ruhestand. Kurze Zeit später nahm von Bredow dann doch noch einmal eine Beschäftigung auf: Am 1. März 1998 wurde er zum zweiten Mal in seinem Leben Protokollchef des Landes Berlin.

eds

Tote im Transit

Der Anruf kam von der Unfallbereitschaft Cottbus. Ein gewisser C. Lewanski, so teilten die Volkspolizisten mit, sei in seinem Auto mit überhöhter Geschwindigkeit durch ein Brückengeländer gerast, in die Spree gestürzt und dabei tödlich verunglückt. Der Mann besitze einen polnischen und einen bundesdeutschen Paß und habe in Frankfurt am Main gelebt. Seine Anschrift sei jedoch nicht bekannt. Vielleicht sei ja die Kollegin in der Lage, die Adresse zu ermitteln und die Angehörigen in der BRD zu informieren.

»Ich habe die Anschrift ermittelt und auch die Telefonnummer«, sagt Helga-Christine Broneske. »Ich war es ja gewöhnt zu organisieren.« Dann habe sie in Frankfurt angerufen, wo sich ein Herr gemeldet und bestätigt habe, daß die Person mit diesem Namen sein Sohn sei. Der sei jungverheiratet, sei zur Zeit in Polen zur Taufe seiner Tochter und werde zurückerwartet.

»Da habe ich erst mal aufgelegt, weil ich nicht wußte, wie ich es ihm sagen sollte«, erinnert sich Frau Broneske. »Ich mußte ihm doch beibringen, daß sein Sohn tot ist.« Also hat sie wieder die Nummer gewählt, sich mit ihrer Funktion gemeldet und die traurige Botschaft übermittelt. Worauf der alte Herr zu weinen und zu schreien begonnen habe. Und dann ihre Telefonnummer verlangt habe, weil er die Nachricht offenbar für einen bösen Scherz hielt.

»Ich habe vieles gehört und gesehen«, erzählt sie weiter. »Aber diese Reaktion hat mich besonders bewegt. Wie konnte jemand nur auf die Idee kommen, ich wollte ihn mit solchen Anrufen quälen und ihm bewußt Leid zufügen?« Dabei gehörte der Umgang mit Tod und Trauer durchaus zu ihrem Beruf. Als Gruppenleiterin in der Auslandsabteilung des Städtischen Bestattungs- und Friedhofwesens in Ost-Berlin war sie zuständig für »die Überführung von Verstorbenen im grenzüberschreitenden Verkehr«. Was sie bei dieser Tätigkeit an persönlichen Schicksalen im geteilten Deutschland erlebt habe, werde ihr zeit ihres Lebens nicht aus dem Kopf gehen.

30 bis 40 Fälle hatte sie durchschnittlich im Monat zu bearbeiten: Bundesdeutsche, die testamentarisch verfügt hatten, in Familiengräbern im Osten beigesetzt zu werden, DDR-Rentner, die auf Besuchsreisen im Westen verstorben waren und in ihre Heimatorte überführt werden mußten, Bundesbürger, die während ihres Aufenthaltes in der DDR zu Tode gekommen waren und in den Westen zurückgebracht werden sollten. Frau Broneske war nur für Sarg-Überführungen zuständig, die das Gros der Fälle ausmachten. Mit den Urnen-Überführungen beschäftigte sich eine Kollegin.

Zu ihrem Job war die gelernte Kauffrau, die viele Jahre im Haus der Elektroindustrie gearbeitet hatte, eher zufällig gekommen. Ihr ältester Sohn hatte sich mit Klassenkameraden zur Finanzierung ihrer Abschlußfeier durch Straßenkehren ein paar Mark verdient. Aber die zuständige Stadtwirtschaft wollte nicht zahlen. Die erzürnte Mutter fuhr zu dem Kommunalbetrieb, fragte sich durch, wer für den Fall zuständig war, und kam zu einer Angestellten von der Kaderabteilung. Die war von der couragierten Mutter so angetan, daß sie spontan fragte, ob sie nicht Lust habe, ihren Betrieb zu wechseln. »So was wie Sie können wir hier brauchen.«

Im Juli 1986 nahm Helga-Christine Broneske in der Ost-Berliner Adalbertstraße, dem Sitz des Kommunalunternehmens, ihre neue Arbeit auf. Von einer Einarbeitung in ihre Aufgabe konnte keine Rede sein. »Man hat mich in nichts eingewiesen, weder geschult noch angeleitet.« Der Abteilungsleiter gab ihr lediglich ein Buch, eine A5-Kladde, und sagte: »Gucken Sie da mal rein. Die letzten Abrechnungen liegen ein dreiviertel Jahr zurück. Alles andere müssen Sie versuchen einzutreiben.«

»Stück für Stück habe ich die Fälle aufgearbeitet«, sagt Frau Broneske. Schnell fand sie heraus, daß es ihren Vorgesetzten vor allem darum ging, möglichst viel Valuta zu erwirtschaften. Bundesbürger mußten für die Überführungen und andere Dienstleistungen in D-Mark bezahlen. Eine Gebührenordnung oder eine Preisliste gab es nicht. Lediglich ein paar Regelsätze aus der Zeit ihrer Vorgängerin. Aber die waren nicht verbindlich. »Wie ich die Preise festsetzte und was ich in die Rechnung schrieb, war mir letztlich selbst überlassen.«

In Fällen, bei denen Bundesbürger aus Familientradition im Osten beerdigt wurden, ging das so: »Wir bekamen vom jeweiligen Friedhof eine Rechnung. Also zum Beispiel: Kapellenbenutzung: 62,50 Mark, Senken: 38,70 Mark. Diese Bestattungskosten hat die Stadtwirtschaft bezahlt, in Mark der DDR. Und dann haben wir unsere Rechnung an den Auftraggeber im Westen geschrieben. Kapellenbenutzung: 450 DM, Träger 560 DM. Wir hatten uns ein bißchen daran orientiert, was das im Westen kostet. Ich hätte aber auch 100 D-Mark mehr nehmen können.«

»Die Rechnungen waren manchmal wirklich gepfeffert, besonders die Friedhofsgebühren«, bestätigt Renate Schade. Sie war in derselben Branche tätig, aber auf der Westseite. Als Mitarbeiterin der Firma Grieneisen, des traditionsreichsten Berliner Bestattungsinstituts, hatte sie viel mit Ost-West-Überführungen zu tun. Über die Geldschneiderei der DDR hat sie sich schon immer geärgert.

»Wurde ein DDR-Bürger beigesetzt, war das preiswert. Wurde aber Frau XY aus West-Berlin, im Osten geboren, auf dem Friedhof ihrer Heimatgemeinde beerdigt, mußten wir das Drei- und Vierfache in Valuta zahlen. Die hatten drüben Planerfüllung. Und da sie gemerkt haben, daß wir was von ihnen wollten, haben sie noch eins draufgesetzt. Bezahlt wurde in cash bei einem Mitarbeiter des Ost-Berliner Bestattungswesens, der regelmäßig vorbeikam. Überweisungen gab's ja damals nicht.«

Frau Broneske war keine SED-Genossin und gehörte auch nicht zum Reisekader. Trotzdem war sie für ihren sozialistischen Arbeitgeber eine Spitzenkraft. »Im Schnitt habe ich auf meinem Stuhl in der Adalbertstraße 100 000 D-Mark pro Monat erwirtschaftet. Davon konnte mancher Volkseigene Betrieb nur träumen.« Wohin das Geld abgeführt wurde, kann sie nur vermuten. Einiges spricht dafür, daß es in Alexander Schalcks Devisenkasse floß. Ihr eigenes Salär war freilich bescheiden. »Verdient habe ich monatlich 835 Mark und 50 Pfennig. Dazu eine Prämie von etwa 300 Mark im Jahr.«

Bei allem Verständnis für die Devisennot ihres Staates kamen ihr mehr und mehr moralische Bedenken. »Ich konnte doch nicht nur an das Geld denken – wie ein Roboter ohne Mitgefühl. Ich habe meine Aufgabe auch so verstanden, daß ich den Leuten bei so viel Schmerz und Kummer auch ein bißchen als Seelsorgerin zur Seite stehen sollte.« Besonders leid haben ihr Leute getan, die eigentlich kein West-Geld hatten und trotzdem in Devisen zahlen sollten.

»Da war zum Beispiel eine Frau, die mit ihrer Familie in den Westen ausreisen wollte. Der Ehemann war im Gefängnis gewesen und sollte entlassen werden. Alles war schon eingefädelt, da starb der Mann. Die Frau wollte ihn im Westen beerdigen lassen. Sie habe gehört, sagte sie mir, daß sie dies in Devisen bezahlen müsse, weil sie nicht mehr DDR-Bürgerin sei. Ab wann sind Sie West-Bürgerin, habe ich sie gefragt. Da hat sie geantwortet, in vier Tagen, wenn wir rübergehen. Na bitte, habe ich gesagt. Noch sind Sie DDR-Bürgerin. Und so überführen wir auch Ihren Mann.«

Daß in diesem Geschäft nichts ohne staatliche Genehmigung ging, versteht sich von selbst. »Wenn ich eine Überführung von Hamburg nach Leipzig wollte«, sagt Frau Broneske, »habe ich die dortige Abteilung Inneres angerufen und darum gebeten, den Fritz Müller aus Hamburg auf den Südfriedhof in Leipzig überführen zu dürfen. Dann kam irgendwann ein Fernschreiben bei uns an, in dem drinstand, daß gegen eine Überführung des Fritz Müller keine Einwände bestehen. Dieses Papier habe ich dann unserem Kraftfahrer mit auf den Weg gegeben.«

Aus West-Sicht nimmt sich die DDR-Bürokratie wesentlich krasser aus. »Erst haben wir das Büro beim Städtischen Bestattungswesen angerufen und den Sterbefall sowie den Friedhof nebst Grabstellen-Bezeichnung gemeldet«, sagt die Grieneisen-Mitarbeiterin Schade. Das Ganze wurde noch einmal in Form eines schriftlichen Antrags wiederholt. Bis sie von drüben Bescheid erhielt, vergingen zwei bis drei Wochen.

»Das Schlimme war, daß wir nie wußten, nach welchen Kriterien entschieden wurde«, sagt Renate Schade. »War eine Überführung genehmigt, mußten wir einen Leichenpaß, ein amtsärztliches Attest und noch viele andere Formulare besorgen.« An der Grenze wurde kontrolliert, ob auch wirklich ein Toter drin war, besonders beim Ost-West-Transport.

Bei der Zusammenarbeit saß die West-Firma am kürzeren Hebel. Mit ihren eigenen Wagen durfte sie nicht in die DDR fahren, und die im Osten beizusetzenden Leichen wurden von Beauftragten des Ost-Berliner Bestattungswesens in West-Berlin abgeholt. »Die kamen ein- oder zweimal pro Woche zu uns in die Zentrale in der Belziger Straße und haben Särge mitgenommen«, berichtet Renate Schade. Oder Särge und Urnen von drüben mitgebracht. »Es waren fast immer die gleichen Fahrer und Begleiter. Manchmal haben wir ihnen etwas zugesteckt, Kaffee oder Pralinen.«

Genutzt haben solche Gefälligkeiten wenig. »Wir waren den DDR-Behörden ausgeliefert.« Die Termine waren meistens unter Vorbehalt, auch wenn die Bestattungen im Westen stattfanden. »Wir wußten nicht, wann wir die Urnen kriegen.« Genauso ungewiß war, ob Angehörigen aus der DDR die Ausreise zur Trauerfeier gestattet wurde. »Manchmal sind die Telegramme nie angekommen. In anderen Fällen ist zu spät entschieden worden. Wir sind eigentlich eine Pietätsbranche, aber das waren verheerende Zustände.«

»Ich erinnere mich da an einen Lehrer aus der DDR«, erzählt sie weiter. »Dessen Vater ist in West-Berlin gestorben. Und er ist auch hier bestattet worden. Als er im Sterben lag, hat man dem Sohn verwehrt, seinen Vater noch lebend zu sehen. Dann hat er schließlich eine Genehmigung zur Beerdigung bekommen, die für nachmittags drei Uhr angesetzt war. Als er endlich da war, war es abends und die Trauerfeier zu Ende.«

Die vier Überführungswagen, über die Frau Broneske verfügen konnte, waren in der Regel mit Valuta-Aufträgen ausgebucht. Transporte, mit denen nur Landeswährung zu verdienen war, wurden meistens zurückgestellt. »Aber die Trauer und das Leid der Menschen waren doch genauso groß«, sagt sie. »Auch wenn sie dafür keine Devisen bezahlt haben.«

Diesen Zwiespalt muß auch ihr Chef mitbekommen

haben. Der war ein strammer Genosse, der wenig Verständnis dafür hatte, daß seine Untergebene nicht Mitglied der Partei der Arbeiterklasse werden wollte. »Plötzlich hat man versucht, mir unlauteres Verhalten nachzuweisen. Aber man hat nichts gefunden, weil es nichts dergleichen gab.« Ende 1988 ist sie von der Auslands- in eine innerstädtische Abteilung versetzt worden. »Ich habe das als große Demütigung empfunden und stand kurz vor einem Nervenzusammenbruch.«

Bis zum Ende der DDR hat sie ihren Dienst getan, auf einem Posten, den sie als Degradierung empfand. Dann ist sie von der Firma Grieneisen gefragt worden, ob sie mithelfen wolle, Filialen im Osten aufzubauen. Sie hat dieses Angebot angenommen. Sich in der Marktwirtschaft zurechtzufinden fiel ihr nicht schwer. Doch ihre frühere Tätigkeit läßt sie nicht los – die persönlichen Schicksale, die politischen Absurditäten, ihre Versuche, damit umzugehen. »Das Erlebte zu verarbeiten, mich wirklich davon frei zu machen, das werde ich wohl nie können.«

pp

Massenflucht in den Osten

Kurz vor fünf Uhr, wenige Minuten nach Sonnenaufgang, rückte die Staatsmacht mit neun Hundertschaften an. Von den Mannschaftswagen sprangen Polizeibeamte mit Schutzhelmen und umstellten das Gelände. Spezialtrupps machten sich daran, Sperrzäune zu zerschneiden, Wasserwerfer gingen in Stellung, gepanzerte Fahrzeuge setzten sich in Bewegung, um Hindernisse wegzuräumen. Über Lautsprecher wurden die Besetzer aufgefordert, das Areal zu verlassen.

Die meisten folgten dem Appell, freilich auf höchst ungewöhnliche Weise. Über selbstgezimmerte Leitern und übereinandergetürmte Metallgitter kletterten sie auf die Mauerkrone und ließen sich auf der Betonröhre in vier Metern Höhe nieder – unerreichbar für die Ordnungshüter im Westen. »Oben bleiben. Noch nicht springen«, rief ein Grenztruppen-Offizier.

Auf der Ost-Berliner Seite rollten Armeewagen heran, Soldaten legten Sprungmatten aus. »Jetzt«, kommandierte ein Uniformierter. Dann sprang einer nach dem anderen hinab. Insgesamt 182 Personen, wie die Besatzung eines britischen Militärhubschraubers zählte. Man schrieb den 1. Juli 1988. Ein denkwürdiger Tag: Zum ersten Mal in der Geschichte der geteilten Stadt wurden Berliner und Alliierte Zeugen einer Massenflucht von West nach Ost.

»Die ganze Aktion hat vielleicht 20 Minuten gedauert«, erinnert sich Stephan Noé. Er gehörte zu denen, die nicht wegliefen. Die DDR, in seinen Augen »ein repressiver Staat«, hatte gegen den damaligen Charlottenburger Bezirksverordneten der Alternativen Liste ein Einreiseverbot verhängt. Noé wartete darauf, von der West-Berliner Polizei festgenommen zu werden. Aber die war klug genug, den designierten Pressesprecher der AL-Fraktion im Berliner Abgeordnetenhaus unbehelligt zu lassen. »Darüber«, meint er rückblickend, »habe ich mich tierisch geärgert.«

Die Erwartung, daß man gerade ihn greifen würde, leitete Noé aus seiner Funktion ab. Er war Sprecher der Besetzer des Lenné-Dreiecks, eines bunten Völkchens aus Umweltschützern und Alternativen, Punks und Autonomen. Zeitweise mehr als 300 Personen, die fünf Wochen lang auf einem vier Hektar großen »Niemandsland« zwischen Ost und West kampierten. »Manche fanden es bescheuert, sich ausgerechnet einen AL-Heini zu nehmen«, sagt Noé. »Aber ich war einer, der quatschen konnte und der die Kontakte hatte.« Also machte er den Verbindungsmann, zu den Medien, zu den Politikern, teilweise auch zur Polizei.

Das Gebiet, das sich die jungen Leute für ihre Aktion aussuchten, war in der Vier-Sektoren-Stadt ein Kuriosum. Nur wenige 100 Meter vom Potsdamer Platz gelegen, gehörte es zum Ost-Berliner Stadtbezirk Mitte. Wie ein spitzes Dreieck, dessen Schenkel die Lenné- und die Bellevuestraße bildeten, ragte es in den West-Berliner Bezirk Tiergarten. Beim Mauerbau hatte die DDR diesen Flecken ausgespart. Er blieb, rechtlich zum Ost-Sektor gehörend, westlich der Mauer. So wurde er zum Brachland, zum Biotop mit einer Vielfalt seltener Pflanzen.

Jahrelang hatte der Senat versucht, diesen toten Winkel westlich des »antiimperialistischen Schutzwalles« der DDR abzukaufen, unter anderem deshalb, weil man durch diesen Streifen eine Schnellstraße entlang der Demarkationslinie bauen wollte. Doch erst im März 1988 kam der Deal zustande. Im Rahmen eines umfassenden

Gebietsaustausches wurde vereinbart, daß das Lenné-Dreieck mit Wirkung vom 1. Juli zu Berlin (West) gehört.

Kaum hatten DDR-Grenzer den Zaun um das Areal abgerissen, ließen sich am 26. Mai Naturschützer und Mitglieder der Bürgerinitiative Westtangente darauf nieder, um die Senatspläne zu verhindern. »Es war eine Mischung aus ökologischem Ansinnen und bewußter Provokation«, beschreibt Noé die damaligen Motive. Zugleich kamen aber auch Leute, denen es weniger um den Erhalt der Flora als um die Demonstration einer »alternativen Lebensart« und um den Protest gegen das kapitalistische System ging: Anarchisten, Autonome, Aktivisten aus der Kreuzberger Szene. »Für viele war das ein Abenteuerspielplatz.«

Anfangs waren DDR-Wachsoldaten durch die Grenzanlage gekommen und hatten versucht, die ersten Landnehmer abzudrängen. Doch schon bald ließ man die Besetzer gewähren. Auch als diese begannen, Zelte zu errichten, Hütten zu bauen und Beete anzulegen. »Die Grenzer standen auf ihren Leitern hinter der Mauer und guckten, was Sache war«, erzählt Noé. »Es gab auch Trupps, die fotografierten und filmten.« Ansonsten beschränkte sich die Kommunikation auf kurze, belanglose Gespräche.

Gleich zu Beginn hatten die Polit-Camper das Flurstück umbenannt. Aus dem Lenné-Dreieck, für das ein preußischer Gartenbaudirektor Pate gestanden hatte, wurde das »Norbert-Kubat-Dreieck«. So hieß ein junger Autonomer, der im Jahr zuvor bei Krawallen festgenommen worden war und im Gefängnis Selbstmord begangen hatte.

»Falls Ihr Bock auf Sommer, Leben, Lachen und Streiten habt«, so warben die Besetzer in einem Flugblatt, »dann kommt gefälligst her, damit wir den Platz halten können.« Das Echo blieb nicht aus. Tag für Tag kam Verstärkung aus der linksalternativen Szene. Nicht nur aus Berlin, sondern auch aus Westdeutschland. Unter ihnen Leute, die keinen festen Wohnsitz hatten. Aber auch solche, die morgens zur Arbeit gingen. Noé: »Bei allen Unterschieden gab es einen Minimalkonsens: dieses Gelände gehört uns. Da wollen wir nicht mehr weg.«

Zug um Zug wurde das Lager zu einer Art Wehrdorf ausgebaut. Aus Furcht vor Neonazis und Polizisten hoben die Besetzer um die rund 30 Behausungen Gräben aus, legten Erdwälle an und errichteten Barrikaden. Es gab eine »Volxküche«, ein »Rudi-Dutschke-Haus« und einen Angerweg namens »Pesttangente«. Über der Siedlung, zu der auch ein Wachturm gehörte, wehte eine schwarze Piratenflagge.

Für Einheimische und Touristen, die in die damalige Kulturhauptstadt Europas besonders zahlreich kamen, wurde das Hüttendorf zur Attraktion. »An manchen Wochenenden haben wir bis zu 20 Führungen gemacht«, berichtet Noé. Die Akteure wußten ihre Exotik gut zu verkaufen. »Vorsicht bissige Besetzer«, warnte ein Schild. »Fotografieren verboten, füttern erlaubt.« Der Wink wurde verstanden. Viele Besucher ließen die eine oder andere Mark in die Spendenbüchse fallen.

Eine Weile schaute der CDU/FDP-Senat diesem Treiben ohnmächtig zu. Solange der Vertrag über den Flächenaustausch noch nicht in Kraft war, durfte kein West-Berliner Polizist das Lenné-Dreieck betreten. »Keinerlei Zugriff haben, sich von den Besetzern auf der Nase herumtanzen zu lassen – das war für die Regierenden im Schöneberger Rathaus ein Problem«, räumt Noé ein. Zumal die Beschaffung von Baumaterial nicht ganz astrein war. »Der Vorwurf, es habe eine Begleit-Kriminalität gegeben, war nicht von der Hand zu weisen.«

Davon überzeugt, daß es sich bei der Mehrzahl der Besetzer nicht um Naturschützer, sondern um »Verfassungsfeinde« handelte, ließ Innensenator Wilhelm Kewenig zwei Wochen nach Beginn der Okkupation das Lenné-Dreieck einzäunen. Angeblich, weil man Munition aus dem Zweiten Weltkrieg auf dem Gelände vermutete und die Bevölkerung nicht gefährden wollte. In Wahrheit ging es ihm darum, den Ausbau des Camps und den weiteren Zuzug von Besetzern zu erschweren.

Die Besetzer empfanden die Absperrung als Psychoterror. Zugang zum Dreieck war nur noch über das »Unterbaugebiet« möglich, einem zu Ost-Berlin gehörender Landstreifen westlich der Mauer. »Da durften sie keine Zäune hinstellen«, sagt Noé. Der gesamte Nachschub, Wasser und Lebensmittel mußten durch dieses Nadelöhr herangeschafft werden. Vorbei an grimmig dreinschauenden Polizisten, die den einen oder anderen »Passanten« schon mal nach Waffen durchsuchten.

Je massiver die Polizei ihre Präsenz um das Gelände verstärkte, desto militanter wurde im Besetzer-Dorf die Stimmung. Vergeblich versuchten friedliche Öko-Freaks, »hirnlose Steineschmeißer« von Gewalttaten abzuhalten, die die Uniformierten mit Pflastersteinen und Stahlkugeln attackierten. Diese revanchierten sich mit Beschuß aus ihren Wasserkanonen. Noé: »Das hat sich so hochgeschaukelt.«

Die Scharmützel eskalierten zum Kleinkrieg. Nachts traktierten Polizeibeamte die Besetzer mit unerträglich lauter Musik. Entnervt gingen etliche Besetzer vom Gelände, um sich tagsüber zu Hause richtig auszuschlafen. Auch Noé ist zwischendurch zum Duschen und zum Wechseln der durchnäßten Kleider in seine Wohnung gefahren. »Man mußte ständig neue Klamotten ranschaffen.«

Immer härter und aggressiver wurde die Auseinandersetzung. Besetzer griffen zu Brandflaschen, Zwillen und Feuerwerkskörpern, die Staatsmacht schoß mit Tränengas. Es gab Verletzte auf beiden Seiten. Nach einem fast zweistündigen Patronenhagel wurde es den Ost-Grenzern zuviel. Ein Offizier, vorm Gesicht eine Atemschutz-Maske, forderte per Megaphon die West-Polizei auf, den Beschuß des Hoheitsgebietes der DDR »unverzüglich einzustellen«.

Ja näher der 1. Juli kam, desto mehr wurde den Besetzern bewußt, daß die Tage ihrer »polizeifreien Zone« gezählt waren. Daß der Senat das autonome Dorf räumen würde, war allen Beteiligten klar. »Nächste Woche kommen wir rüber«, riefen einige den DDR-Grenzern zu. »Das laßt man schön bleiben«, kam es prompt zurück.

Was die östlichen Machthaber letztlich veranlaßt hat, den bedrängten Besetzern zu helfen, ist auch Noé nicht klar. Vielleicht die Chance, vor einer breiten Öffentlichkeit als Retter in der Not zu erscheinen. Vielleicht aber auch die günstige Gelegenheit, den Senat als Verantwortlichen eines »repressiven Polizeiapparates« vorzuführen. »Jedenfalls denke ich nicht, daß dies aus reiner Nächstenliebe passiert ist.«

»Daß es dann so viele waren, die rübergehüpft sind, mit Fahrrad und allem drum und dran, war jedenfalls nicht zu erwarten«, resümiert Noé. Und daß sie in einer offenbar vorbereiteten Aktion von Grenztruppen und Staatssicherheit auf der anderen Seite abgeholt wurden, hat ihn ebenfalls überrascht.

Zwar wurden die »Flüchtlinge« nach einem ausgiebigen Frühstück vor einer Wiederholung der »Grenzverletzung« gewarnt. Aber dann wurden sie in kleinen Gruppen zum S-Bahnhof Friedrichstraße und über Schleichwege zu den Bahnsteigen gebracht, von denen die Züge nach Westen abgingen.

Tags darauf las sich das im SED-Zentralorgan ›Neues Deutschland‹ so: »Die zuständigen Organe der DDR waren ihnen behilflich, wieder nach Berlin (West) zurückzukehren.«

pp

Zwei Berliner Konzerte

Am 12. November 1989 schloß sich für Holm Birkholz ein Kreis. Erschöpft und glücklich saß der Geiger auf der Bühne der Berliner Philharmonie. Gerade war der Schlußakkord von Beethovens Siebter Sinfonie verklungen, das Publikum spendete frenetisch Beifall. Holm Birkholz war nicht der einzige der Berliner Philharmoniker, der in diesem Augenblick »Rotz und Wasser« heulte.

Auch die Zuhörer waren über das gewöhnliche Maß hinaus ergriffen. Sie alle hatten vor kurzem noch nicht zu träumen gewagt, einmal in der Philharmonie sitzen zu können. Die Zuhörer – sie kamen ausnahmslos aus Ost-Berlin und der DDR.

Am Tag nach dem Mauerfall hatten der Gastdirigent der Philharmoniker, Daniel Barenboim, Musiker des Orchesters, der neue Intendant Ulrich Eckhardt und der Pressesprecher des Orchesters, Helge Grünewald, die Idee, ein kostenloses Sonderkonzert für die Menschen zu geben, denen es bisher verwehrt war, überhaupt nach West-Berlin zu kommen.

Barenboim stellte den Musikern und dem technischen Personal eine Bedingung, die auch alle akzeptierten: Keiner durfte an der Aufführung etwas verdienen oder dafür Überstunden berechnen. Dieses Konzert war ein Geschenk der Berliner Philharmoniker an die Menschen jenseits der gefallenen Mauer, die die Eintrittskarten kostenlos gegen Vorlage ihres DDR-Personalausweises erhielten.

Holm Birkholz war in besonderem Maße von der Situation berührt. Er stammte selbst aus Ost-Berlin und war

1982 von dort geflohen. Nun war der Tag gekommen, an dem seine Eltern und sonstigen Verwandten ihn problemlos besuchen konnten.

Wer eine CD von Birkholz kauft, der auch als Komponist und Primarius eines Streichquartetts der Berliner Philharmoniker tätig ist, liest seinen Lebenslauf in geglätteter Kurzform: »Holm Birkholz studierte an der Hochschule für Musik ›Hanns Eisler‹ Berlin und erhielt 1977 sein erstes Engagement als Erster Konzertmeister an der Staatskapelle Weimar. 1980 wurde er nach erfolgreicher Teilnahme an internationalen Wettbewerben an das Rundfunk-Sinfonie-Orchester Leipzig als Erster Konzertmeister verpflichtet. 1982 erfolgte das Engagement bei den Berliner Philharmonikern.«

Tatsächlich war Birkholz schon in jungen Jahren ausgesprochen erfolgreich. Allerdings kam er als Erster Geiger (»Erster Konzertmeister«) in Weimar zwar bei seinem Publikum gut an, nicht jedoch mit dem Intendanten zurecht. Birkholz verließ die Staatskapelle Weimar vorzeitig und mußte lernen, was es in der DDR hieß, gegen die Autoritäten aufzubegehren, auch wenn es dabei gar nicht um Politik ging.

Längere Zeit bekam er kein anderes Engagement. Er war arbeitslos in einem Staat, der nicht müde wurde zu behaupten, daß es so etwas in ihm gar nicht gebe.

Diese demütigende Erfahrung hatte er auch nicht vergessen, als er 1980 vom Rundfunk-Sinfonie-Orchester Leipzig als Erster Konzertmeister verpflichtet wurde. 1982 nutzte er eine Italien-Tournee seines Orchesters zur Flucht, natürlich – preußisch – erst, nachdem alle Konzerte absolviert waren. Während die anderen Musiker in Messina ein Glas auf die erfolgreiche Tournee tranken, ging Birkholz zur Rezeption, bestellte sich ein Taxi und ließ sich in ein anderes Hotel fahren. Am nächsten Morgen meldete er sich beim bundesdeutschen Konsul und trat den Weg nach West-Berlin an.

Sechs Wochen nach seiner Flucht spielte Birkholz bei den Berliner Philharmonikern vor, was zu einer Anstellung bei diesem Orchester führte. Er sollte auch in den Folgejahren der einzige Musiker aus der DDR bleiben, dem dieser spektakuläre Schritt gelang, obwohl so mancher – das Beispiel Birkholz vor Augen – ihn versuchte.

Die DDR-Justiz verurteilte Birkholz in Abwesenheit wegen Republikflucht und unerlaubter Entfernung vom Arbeitsplatz. Der Weg nach Ost-Berlin – zu Freunden und Verwandten, zu den Plätzen seiner Kindheit und Jugend – war ihm dadurch versperrt. Auch die Transitstrecken durch die DDR konnte er nicht benutzen.

Seiner Heimat DDR, nicht dem politischen System und den Machthabern, sondern den Menschen, fühlte Birkholz sich jedoch weiter verbunden. So war er auch 1987 und 1988 die treibende Kraft, die Ausstellung eines Geigenbauers aus Halle in der Philharmonie zu organisieren. Der »Staatliche Kunsthandel« der DDR witterte ein Geschäft und reagierte positiv auf die Idee. Plötzlich durfte der »Straftäter« Birkholz wieder nach Ost-Berlin und in die DDR einreisen, um die Ausstellung vorzubereiten.

Die Freude währte aber nur so lange wie die Ausstellung. Als Holm Birkholz am Heiligabend 1988 gegen 16.00 Uhr mit gültiger Besuchserlaubnis an der Sektorengrenze erschien, um nach Ost-Berlin zu fahren und dort das Weihnachtsfest mit seinen Eltern zu feiern, wurde ihm eröffnet, seine (West-Berliner) Frau könne gerne einreisen, er aber müsse umkehren. Die DDR-Behörden belegten ihn wieder mit ihrem Bann.

In dieser Situation machte eine spektakuläre Nachricht die Runde: Die Berliner Philharmoniker sollten am

30. Mai 1989 ein Konzert im Schauspielhaus in Ost-Berlin geben.

Die Vorbereitung dieses eintägigen Gastspiels im Schauspielhaus, das am Gendarmenmarkt 1000 Meter Luftlinie von der Philharmonie liegt, hatte fünf Jahre gedauert. Eines der Hindernisse war die Ignoranz des langjährigen Chefdirigenten Herbert von Karajan, der keine Lust hatte, in Ost-Berlin aufzutreten, wie der damalige Philharmoniker-Intendant Schäfer in einem Fernsehinterview bekannte. Aber es gab auch immer wieder politische Querelen, an die Pressesprecher Grünewald sich gut erinnert. Bis zum Schluß versuchte die Künstleragentur der DDR, die als Veranstalter fungierte, zu verhindern, daß die Philharmoniker unter ihrem Namen (Berliner Philharmonisches Orchester) auftraten. Wegen der Streitigkeiten um den Berlin-Status wollte man sie als »Westberliner Philharmoniker« oder einfach als »Philharmoniker« ankündigen. Nachdem diese Auseinandersetzung schließlich (im Sinne des Orchesters) beigelegt war – das DDR-Fernsehen blendete dennoch »Das Berliner Philharmonische Orchester (Berlin-West)« ein –, drohte in der Person von Holm Birkholz ein neuer Stolperstein, das Konzert zu verhindern. Die DDR-Behörden wollten nämlich Birkholz nicht einreisen lassen. Das Orchester, so der Rat aus Ost-Berlin, solle Birkholz doch für diesen Tag einfach freigeben. Aber die Philharmoniker standen in dieser Frage wie ein Mann: Man lasse sich von niemandem die Besetzung des Orchesters vorschreiben, ohne Birkholz kein Konzert.

Die DDR gab auch hier nach. Da schraubte Birkholz, den die Auseinandersetzung nicht kaltgelassen hatte, die Forderungen höher: Die ganze Angelegenheit strapaziere ihn nervlich dermaßen, daß er sich außerstande sehe, die Fahrt nach Ost-Berlin ohne seine Frau anzutreten. Diese benötige daher ebenfalls ein »Dienstvisum« zur DDR-Einreise.

Mittlerweile war das Konzert, obwohl praktisch nicht angekündigt, längst ausverkauft. Da schien es den DDR-Behörden sehr riskant, dieses Prestigeunternehmen wegen eines Visums noch abzusagen. Sie gaben daher noch einmal nach. Frau Birkholz trat gemeinsam mit den Philharmonikern die »Reise« im Ikarus-Bus über den Grenzübergang Invalidenstraße an.

Um 9.30 Uhr morgens ging die Fahrt los. Für den Vormittag stand die Probe auf dem Programm. Der Nachmittag war zur freien Verfügung. Die Philharmoniker hätten nach West-Berlin zurückkehren können. Sie nutzten die Gelegenheit jedoch lieber, sich in Ost-Berlin umzuschauen oder sich – wie Holm Birkholz – mit Bekannten zu treffen. Die vereinbarte bevorzugte Grenzabfertigung hatte es möglich gemacht, allerlei mit nach Ost-Berlin zu nehmen, was normalerweise von den »Zollorganen« konfisziert worden wäre. Dies betraf vor allem Zeitschriften und Literatur, die man nun weitergeben konnte.

Schon während der Probe der Philharmoniker war das Gebäude vom Staatssicherheitsdienst der DDR hermetisch abgeriegelt. Frau Birkholz, die einen besonderen »Freifahrtschein« hatte, der ihr die ungehinderte Bewegung im Hause gestattete, erinnert sich, daß an jeder Tür die unauffälligen Herren standen und sicherstellten, daß DDR-Bürger keinen unerlaubten Kontakt zu den Philharmonikern aufnahmen.

Am Abend dann fand das Konzert statt. Der Saal war bis auf den letzten Platz gefüllt. Alle, die in der DDR etwas auf klassische Musik gaben, hatten sich um Karten bemüht. Auf der Ehrentribüne saßen der Regierende Bürgermeister von (West-)Berlin und der Oberbürgermeister von

(Ost-)Berlin, beide von ihren Frauen begleitet, einträchtig nebeneinander. Als das Orchester den Saal betrat, brandete bereits Beifall auf, der geradezu stürmisch wurde, als der Gastdirigent James Levine aufs Podium trat.

Wagner und Strauß standen auf dem Programm und zum Abschluß die Siebte Sinfonie von Beethoven. Das Publikum feierte die Philharmoniker, die sich der Emotionalität der Situation weder entziehen konnten noch wollten. Für Birkholz, den in der DDR Verfemten, war dieses Konzert eine besondere Genugtuung. Mehrfach war er in der TV-Übertragung, die vom DDR-Fernsehen verantwortet wurde, in Großaufnahme zu sehen. Den Grund erfuhr er erst viel später. Auch die DDR-Fernsehleute kannten ihn und wollten dem Publikum zeigen: Seht, einer von uns hat es geschafft und ist im Westen erfolgreich. Politik ohne Worte.

Beim anschließenden Empfang für die Philharmoniker im Palast-Hotel ging es locker zu. Viele nahmen ihre Ost-Berliner Freunde mit dorthin. Die wiederum an allen Türen postierten Stasi-Mitarbeiter machten gute Miene zum bösen Spiel. Jetzt konnte man keinen Eklat mehr riskieren, schon gar nicht, weil auch die beiden Berliner Bürgermeister an der Veranstaltung teilnahmen.

Als die Busse abends wieder über die Grenze fuhren, hatten die Philharmoniker, ein Orchester, das in der ganzen Welt zu Hause ist und gefeiert wird, ein besonderes Erlebnis hinter sich. Sie hofften, daß es nicht wieder 40 Jahre dauern würde, bis sie vor einem Ost-Berliner Publikum spielen konnten.

Weder die Musiker noch die Politiker rechneten damals allerdings damit, daß dies schon ein knappes halbes Jahr später der Fall sein würde. Schon gar nicht erwarteten sie, daß sie ihrem Ost-Berliner Publikum nicht per Bus und Dienstvisum gegenübertreten würden, sondern daß es zu ihnen kommen könnte.

Am 12. November 1989 war es soweit. Stundenlang hatten die Ostdeutschen aus Berlin und der ganzen DDR sich angestellt, um an Karten zu kommen. Böse Worte gab es deswegen nicht. »Wir haben 28 Jahre gewartet, da kommt es auf ein paar Stunden nicht an«, sprachen sie in die Fernsehkameras. Wieder stand Beethoven auf dem Programm, mit Daniel Barenboim nicht nur als Dirigent, sondern im ersten Teil auch als Solist am Piano. Das letzte Stück war erneut die Siebte Sinfonie.

Als die Standing ovations nicht enden wollten, trat Barenboim vor das Publikum und sagte, es sei nicht normal, eine Zugabe zu spielen. Dann kündigte er als Zugabe die Ouvertüre der Mozart-Oper ›Così fan tutte‹ mit den Worten an: »Aber heute ist ja kein normaler Tag – weder für euch noch für uns.«

eds

Guten Abend, Herr Krack!

Das Konzert der Berliner Philharmoniker im Mai 1989 in Ost-Berlin war eine Sensation. Gleichzeitig bot es den Rahmen für ein weiteres spektakuläres Ereignis: Zum ersten Mal seit der Spaltung Berlins 1948 kamen die beiden Bürgermeister der Teilstädte zu einem offiziellen Treffen zusammen. Und dabei war die Frage, die die Öffentlichkeit schon im Vorfeld bewegte, nicht: »Was kommt dabei heraus?«, sondern: »Wie reden die beiden sich an?«

Das Besondere an diesem Treffen waren nämlich nicht die daraus resultierenden Ergebnisse, sondern die Tatsache als solche. Bisher hatte der Ost-Berliner Bürgermeister sich stets geweigert, einen direkten Kontakt zu seinem Westkollegen aufzunehmen. Der Ost-Berliner Rechtsauffassung zufolge war West-Berlin keine Stadt der Bundesrepublik, sondern eine »selbständige politische Einheit«, also ein dritter deutscher Staat. Die Beziehung zu Staaten obliege aber der DDR-Regierung, nicht dem Ost-Berliner Magistrat, hieß es immer wieder. Ob es um die Nutzung der durch Ost-Berlin führenden U-Bahntunnel ging oder um die Abwasserentsorgung, immer mußte der West-Berliner Senat mit der DDR-Regierung sprechen, nie konnte er sich an den Ost-Berliner Magistrat wenden.

Auch den West-Berliner Politikern fiel ein Kontakt mit Ost-Berliner Vertretern nicht leicht, vor allem mit dem Oberbürgermeister nicht. Würde man nicht die Teilung Berlins, die durch die Proklamation eines Gegen-Bürgermeisters ausgelöst wurde, akzeptieren, wenn man dem Ost-Berliner OB die Reverenz erwies? Und wäre es nicht ein Stück Anerkennung des Stadthausputsches von 1948, wenn der West-Berliner Regierende Bürgermeister »Herr Oberbürgermeister« zu seinem Kollegen sagte, der ja ein Nachfolger des Putsch-Oberbürgermeisters war?

Einen ersten Versuch, seinen West-Berliner Kollegen zu treffen, unternahm der Ost-Berliner Oberbürgermeister Erhard Krack schon 1987. DDR-Chef Erich Honekker hatte ihm in einem Gespräch grünes Licht gegeben, Kontakte zwischen den beiden Teilen der Stadt vorsichtig anzubahnen.

West-Berliner Politiker besuchten im Rahmen der 750-Jahr-Feier auch Veranstaltungen im Osten Berlins, vor allem, wenn diese nicht vom Staat, sondern von der Kirche getragen wurden. Erhard Krack wollte das zum Anlaß nehmen, dem damaligen Regierenden Bürgermeister Eberhard Diepgen zu begegnen.

Auf eine Einladung von seiten Kracks zum »Internationalen Treffen der Bürgermeister« im Juni 1987 in Ost-Berlin hatte Diepgen nicht reagiert. Als Krack nun erfuhr, Diepgen werde an einer Feier in der Gethsemane-Kirche teilnehmen, ging er dorthin, um ihn zu treffen. Der Regierende Bürgermeister zeigte seinem Ost-Berliner Kollegen jedoch die kalte Schulter. Nach flüchtigem Händedruck wandte er sich ab und verließ die Kirche.

Walter Momper, damals SPD-Oppositionsführer im Abgeordnetenhaus, war ebenfalls regelmäßig in Ost-Berlin. Er hatte seinen Sprecher verkünden lassen, er werde alle Bezirksfeste im Ostteil besuchen. Zu dieser Zeit war die DDR aber an Momper noch nicht interessiert, da er kein Regierungsamt innehatte. Im Gegenteil: Seine starke Präsenz im Ostteil der Stadt verschnupfte die DDR-Führung.

Auch Erhard Krack ging zu dieser Zeit einem Zusammentreffen aus dem Weg. Momper besuchte eine Modenschau, die der Ost-Berliner Stadtbezirk Marzahn im Rahmen der 750-Jahr-Feier durchführte. Auch Krack wurde erwartet. Als ihm jedoch gemeldet wurde, daß Momper dort in der ersten Reihe stehe, steuerte er die Veranstaltung nicht an.

Nach diesem Auftritt Mompers in Ost-Berlin wollte der »Generalsekretär des Zentralkomitees der Sozialistischen Einheitspartei Deutschlands und Vorsitzende des Staatsrates der Deutschen Demokratischen Republik«, Erich Honecker, ein Einreiseverbot gegen Momper verhängen. Nur in einem längeren Gespräch konnte der SPD-Bundesvorsitzende Jochen Vogel den SED-Generalsekretär von diesem Vorhaben abbringen. Später, erzählt Walter Momper, habe auch Erhard Krack über diese erste Nicht-Begegnung herzlich lachen können.

Es gab also eine lange Vorgeschichte des ersten Treffens der beiden Bürgermeister, als es im Mai 1989 schließlich stattfand. In Ost-Berlin amtierte immer noch der SED-Politiker Erhard Krack, in West-Berlin hatte der Sozialdemokrat Momper kurz zuvor die Wahlen gewonnen und das Amt des Regierenden Bürgermeisters übernommen.

Beide Politiker erinnern sich gern an den Abend ihrer Begegnung im Schauspielhaus. Herr und Frau Momper wurden an der Grenze vom Personenschutz des DDR-Staatssicherheitsdienstes in Empfang genommen und zum Schauspielhaus geleitet, wo Herr und Frau Krack sie erwarteten. Man begab sich gemeinsam in die Ehrenloge des Konzertgebäudes. (Mompers hätten wegen der besseren Akustik lieber im Parkett gesessen, aber das konnten sie sich nicht aussuchen.) In der Pause wurde ein Gespräch geführt. Dieses war diplomatisch und politisch nicht ganz einfach. Man mußte mehr miteinander reden als »Small talk«, aber man konnte, wollte und durfte nicht verhandeln. Momper und Krack sprachen über kommunalpolitische Themen. Die Atmosphäre war gut, auch die Damen verstanden sich.

Nach dem Konzert fand für die Philharmoniker ein Empfang im damaligen Palast-Hotel statt. Die Politiker beschlossen, zu Fuß dorthin zu gehen. Begleitet von einem Schwarm Journalisten und der allgegenwärtigen Staatssicherheit spazierten die beiden Stadtoberhäupter Unter den Linden entlang, von Passanten freundlich und etwas erstaunt gegrüßt. Dabei zeigte sich, daß Walter Momper, zu dieser Zeit Star der westlichen Medien und Talkshows, bekannter war als sein Ost-Berliner Kollege, obwohl dieser bereits seit 15 Jahren amtierte. (Das zeigte schlaglichtartig, welche Fernsehprogramme in Ost-Berlin bevorzugt wurden.)

Weder Momper noch Krack ahnten, daß sechs Monate später die Mauer gefallen sein würde. Sie wollten durch diesen Kontakt vielmehr dazu beitragen, das Eis zu brechen und den Status quo erträglicher zu machen, gerade weil die Mauer die Stadt zerteilte. Nach dem 9. November 1989 hat ihre Bekanntschaft allerdings geholfen, die vielen praktischen Fragen, die sich über Nacht stellten, zu lösen.

Wie weit man im Frühsommer 1989 noch voneinander entfernt war, zeigte ein anderer Ost-Berlin-Besuch Mompers im darauffolgenden Monat, nämlich bei DDR-Staats- und Parteichef Honecker.

Mit ihm vereinbarte er in zähen Verhandlungen Reiseerleichterungen für die West-Berliner, die die ganze Skurrilität der deutsch-deutschen Beziehungen widerspiegelten. So durften ab dem 1. August 1989 West-Berliner bei Ost-Besuchen ihren Hund mitnehmen. Allerdings ging dies nur über Grenzübergangsstellen der DDR, an denen es einen Grenztierarzt gab. Dem mußte der Hund vorgeführt werden, als sei ganz West-Berlin ein einziger Seuchenherd. Soweit war die Regelung nur lächerlich, ein anderer Punkt machte sie jedoch zur Schikane und verhinderte, daß sie häufig in Anspruch genommen wurde: Die Veterinäre waren nämlich nur an den Autobahnausfahrten der Transitstrecken postiert. Das bedeutete konkret: Wollte man mit seinem Hund von Kreuzberg nach Friedrichshain gehen, konnte man nicht einfach über den Grenzübergang Oberbaumbrücke spazieren, sondern mußte Berlin in Dreilinden verlassen und über den Berliner Ring nach Ost-Berlin fahren. So wurden aus 600 Metern schnell 60 Kilometer, aus dem Kaffeebesuch eine Tagesreise.

Eine weitere Erleichterung war das Zugeständnis, daß man fortan sein Fahrrad bei Ost-Berlin- und DDR-Besuchen mitnehmen durfte – jedoch nur auf dem Dachgepäckträger eines Autos. Eine Einreise nach Ost-Berlin mit dem Fahrrad war nach wie vor verboten. Die DDR-Behörden hatten Angst, die Radfahrer – ohne Nummernschild und Identifizierungsmöglichkeit – nicht mehr unter Kontrolle zu haben. Sie fürchteten auch, daß es wegen der schlechten Straßen und fehlenden Radwege zu Unfällen kommen könnte, die ihnen eine schlechte Presse bescheren würden. Es waren kleine Brötchen, die in den deutsch-deutschen Beziehungen gebacken wurden, auch drei Monate vor dem Mauerfall noch. Um so wichtiger waren die Kontakte zwischen Politikern aus Berlin (West) und Berlin (Ost).

Und wie haben die beiden Bürgermeister sich bei ihrem ersten Treffen nun angesprochen? »Das war ganz einfach«, erinnert sich Walter Momper, »ich habe gesagt: ›Guten Abend, Herr Krack!‹, und er hat geantwortet: ›Guten Abend, Herr Momper!‹«

eds

Ehemann zwecks Ausreise gesucht

Die kleine Hochzeitsgesellschaft war ungewöhnlich heiter. Felix, der fünfjährige Sohn der Braut, streute für seine Mutter Blumen. Auf dem Kopf trug er eine selbstgebastelte und mit Perlen verzierte Pappkrone. Während die Standesbeamtin in gesetzten Worten die Vorzüge von Ehe und Familie im Sozialismus pries, mußten sich einige Zuhörer in die Hand beißen, um nicht laut zu lachen. Als sich die frischvermählten Eheleute dann auch noch küßten, war es bei manchen der Freunde mit der Fassung vorbei. Sie prusteten ungeniert drauflos.

Hätte die Staatsdienerin im Standesamt an der Ost-Berliner Nordmarkstraße den Grund der Heiterkeit geahnt, wären ihr die Glückwünsche vermutlich im Halse steckengeblieben. Denn was vor ihr ablief, war eine Farce. Die Inszenierung einer Scheinhochzeit, die lediglich dem Zweck diente, der Braut eine legale Ausreise aus der DDR zu ermöglichen. »Dafür habe ich mich heiraten lassen«, sagt Josefine Edle von Krepl. Von einem Mann aus West-Berlin, den sie sich als Ehepartner auf Zeit ausgesucht hatte.

Seit Mitte der 80er Jahre hatte die gelernte Schneiderin und Inhaberin einer Modeboutique in der Boxhagener Straße immer häufiger darüber nachgedacht, wie sie den ungeliebten Staat verlassen könnte. Politisch lag sie »nicht auf Linie«. Deshalb hatte sie 1980 ihren Job als Moderedakteurin der Frauenzeitschrift ›Für Dich‹ gekündigt. »Hauptsächlich wollte ich wegen meiner Kinder weg«, sagt sie. Die Söhne Paul und Felix sollten es einmal besser haben.

Bei einem gewöhnlichen Ausreiseantrag rechnete sich

die Nachfahrin einer altösterreichischen Adelsfamilie, die es nach Berlin verschlagen hatte, wenig Chancen aus. Bekannte hatten sieben Jahre und länger auf die Genehmigung gewartet. »Ich wußte, daß es durch die Heirat mit einem Ausländer aus dem Westen schneller ging.« Schweizer, Österreicher, Skandinavier und Amerikaner waren besonders begehrt. Da konnten die DDR-Frauen ihre Staatsbürgerschaft behalten und somit später Freunde und Verwandte besuchen. Außerdem durfte man in der Regel Möbel, Bücher und Hausrat mitnehmen.

Über Freunde in West-Berlin ließ Josefine nach einem geeigneten Partner suchen. Tatsächlich fand sich jemand, der bereit war, die Rolle zu übernehmen. Er war US-Bürger, Tänzer am Theater des Westens. »Irgendwann kam er in den Osten, um mich zu besuchen«, erzählt Josefine. »Ein sympathischer Mann, aber ein bißchen ängstlich.« Seine Furcht, die DDR-Behörden könnten den Plan durchschauen, sei nicht leicht zu zerstreuen gewesen.

Ein paar Wochen später, als sie sich im Café »Egon Erwin Kisch« Unter den Linden trafen, zog er seine Zusage zurück. Er habe mit seiner Mutter in den USA telefoniert, die einen Posten in der Regierung habe. Und wenn er nun eine DDR-Bürgerin heiratete, dann müsse sie das den Vorgesetzten melden und bekomme vielleicht Ärger. »Jedenfalls sprang er ab, und mir schwammen alle Felle davon.«

»Fine, wir kümmern uns um dich«, versprachen die Freunde im Westteil der Stadt. »Wir suchen dir einen anderen Mann.« Wieder wurden sie in einem Theater fündig. Diesmal war es kein Tänzer, sondern ein Beleuchter, ein Single, zweimal geschieden. Kurz darauf bot sich eine Gelegenheit, ihn zu treffen. Josefine wurde erlaubt, eine Einladung nach Frankreich anzunehmen. Die Söhne blieben als Pfand in Ost-Berlin.

Auf dem Rückweg stieg sie am Bahnhof Zoo aus. Gemeinsam mit den Freunden ging sie ins Theater, um sich mit dem Ehemann in spe zu treffen. »Wolfgang kam in einem Monteursanzug. Er tat ganz locker, dabei war er genauso aufgeregt wie ich.« Josefine empfand die Situation als peinlich – »wie auf dem Fleischmarkt«. Doch schon bald lockerte sich die Atmosphäre. »Tja«, sagte Wolfgang, »du bist also die Josefine. Dann müssen wir mal die Sache genau besprechen.«

Erst einmal legten sie die geschäftliche Grundlage fest. Wolfgang sicherte sich über einen befreundeten Anwalt rechtlich ab. Seine Zukünftige mußte unterschreiben, daß sie während der Ehe und nach der Scheidung keine materiellen Ansprüche stellen werde, weder auf Unterhalt noch auf Altersversorgung. Für seine Ehemannrolle bekam er ein Honorar, West-Geld, das Josefine illegal »umgerubelt« hatte.

Zur Täuschung der DDR-Behörden wurde ein »Szenario« entworfen. Wie in einem Film. »Wolfgang hat mich regelmäßig besucht, etwa alle 14 Tage.« An der Grenze habe er immer gesagt, er fahre jetzt zu seiner Verlobten. Nach einem dreiviertel Jahr ging Josefine zur Abteilung Inneres. »Man mußte zwei Anträge stellen: einen auf Heirat und einen auf Ausreise.« Die lief unter dem Stichwort Familienzusammenführung.

Genehmigt wurde zunächst nur das erste Gesuch. »Das war ein heißes Spiel«, erinnert sich Josefine. »Es gab ja auch Fälle, da haben sie die Leute erst heiraten und dann noch ein Jahr und länger schmoren lassen.« Ob er denn seiner künftigen Frau zuliebe nicht in die DDR übersiedeln wolle, wurde Wolfgang gefragt. Als Westler, so begründete er seine Absage, würde er sich im Arbeiter-und-Bauern-Staat wohl kaum zurechtfinden.

Nach der standesamtlichen Trauung fuhr das Paar mit

Kindern und Trauzeugen in eine Eisdiele an der Karl-Marx-Alle. Nebenan, im Kino »International«, spielten sie den Film ›Schrei nach Freiheit‹. »Wolfgang und ich stellten uns vor das Plakat und ließen uns fotografieren.« Den Mund hatte sie, vom Titel inspiriert, weit aufgerissen.

Bald darauf gab der Staat grünes Licht. Wie alle Ostler, die aus der DDR-Staatsbürgerschaft entlassen wurden, mußte Josefine vorher ihr Wochenendhaus verkaufen. Die Ausreise wurde auf den 14. Juli 1989 festgelegt. Eine Woche vorher, an ihrem 45. Geburtstag, lud sie rund 100 Freunde und Bekannte in die »Offenbach-Stuben« zu einem großen Abschiedsfest.

Das war der Höhepunkt des Heiratsstückes. Wolfgang, in einem geliehenen dunklen Anzug, und Josefine standen am Eingang und nahmen Geschenke und Glückwünsche entgegen. An den Tischen zechten und tafelten die Gäste. Zwei Varietékünstler sorgten für Unterhaltung. »Irgendwann kippte die Stimmung«, sagt sie. »Da wurde es rührselig. Manche fingen an zu weinen.« Wer konnte damals ahnen, daß am Ende des Jahres die Mauer fallen und man sich wiedersehen würde?

Als das Rollenspiel begann, ging ihr manchmal der Gedanke durch den Kopf: hoffentlich nutzt er meine Lage nicht aus. Sie hatte von Fällen gehört, bei denen Ost-Frauen bei den Scheinehen an »Schlawiner« geraten waren. Eine Näherin zum Beispiel. »Ein halbes Jahr nach der Ausreise war sie im Frauenhaus. Er hat sie geschlagen und wollte sie auf den Strich schicken. Man konnte auch Pech haben.«

Wolfgang jedoch erwies sich als »ein toller Mensch, als ein richtiger Kumpel«. Einer, der sich auch um die Söhne kümmerte. »Wir haben uns richtig angefreundet.« Daß er nicht wirklich ihr Mann war, haben sowohl Paul als auch Felix mitbekommen. Auch einige Freunde waren eingeweiht. Nur Josefines Mutter hatte mit dem »Schwiegersohn« Probleme. »Magst du ihn denn?« hat sie ihre Tochter gefragt. Und als die ihr das Verhältnis erklärte, setzte sie ungläubig nach: »Bloß ein Freund, geht denn das? Habt ihr wirklich nichts miteinander?«

Kaum waren sie im Westen, gingen sie zum Anwalt, um verabredungsgemäß die Scheidung einzureichen. Der wurde jedoch krank, und ein bereits vereinbarter Scheidungstermin platzte. Ein Vertreter sah sich die Akten an und meinte, so schnell gehe das nicht mit der Scheidung. Sie seien noch kein Jahr getrennt. Der Einwand, es handele sich um eine Zweckehe, zog nicht. Nach der Öffnung der Grenze, so der Jurist, sei die Grundlage für eine vorzeitige Auflösung der Ehe entfallen.

Inzwischen sind sie längst geschieden. Und Josefine, die sich als Modeexpertin und Sammlerin alter Kleider einen Namen weit über die Hauptstadt hinaus gemacht hat, ist wieder nach Prenzlauer Berg, »meine alte Liebe«, gezogen. Die Freundschaft zu Wolfgang aber dauert an. »Ein lieber Mensch«, auf den sie immer zählen kann, wenn sie Rat und Zuspruch braucht. Manchmal, wenn sie übermütig ist, erinnert sie ihn daran, daß er ihr noch die Hochzeitsnacht schulde. »Eines Tages werde ich dich hinten überbiegen.« Aber er weiß natürlich, daß das nicht wörtlich gemeint ist.

pp

»Hier ist gut ausruhen« – Der Wilmersdorfer Waldfriedhof

»Die ganze Anlage muß so eingerichtet sein, daß sie späterhin auch dann noch einen würdigen Eindruck macht, wenn sie nur in denkbar einfachster Form unterhalten wird oder zum Teil sich selbst überlassen bleibt.«

Ein Pessimist war er offensichtlich, der Gartenarchitekt Erwin Barth, und die Krise der Staatsfinanzen hatte er wohl vorausgesehen. Daß aber »sein« Friedhof 30 Jahre später in die Mühlen des Ost-West-Konflikts geraten würde, konnte er nicht ahnen.

Der Gartenarchitekt hatte 1920 den Wettbewerb gewonnen, dessen Gegenstand der Bau eines neuen Friedhofs für die Stadt beziehungsweise den Berliner (Stadt-) Bezirk Wilmersdorf war. Das Besondere an diesem Friedhof: er lag weit entfernt von der auftraggebenden Gemeinde, in der Gemarkung des brandenburgischen Stahnsdorf, denn in Wilmersdorf selbst gingen die Friedhofskapazitäten rapide zu Ende.

1921 wurde der Friedhof eingeweiht. Der pensionierte Gartenbaudirektor Amelung geriet anläßlich der Beerdigung der mit 54 Jahren gestorbenen Berta Gutzmer auf dem neuen Gottesacker ins Schwärmen: »Der 16. September 1921«, schrieb er in der Zeitschrift ›Der Berliner Westen‹, »war ein eindrucksvoller Tag für mich. Ich wohnte der ersten Beisetzung auf dem Wilmersdorfer Waldfriedhof in Stahnsdorf bei. Klarer Himmel und ein leises Rauschen in den Gipfeln der Kiefern gaben der Einweihung einen mir unvergeßlichen Eindruck: ›Hier ist gut ausruhen vom Erdenwallen‹.«

Der Wilmersdorfer war nicht der einzige städtische

Friedhof vor den Toren Berlins. Auch die Stadt (beziehungsweise seit der Eingemeindung 1920 der Stadtbezirk) Schöneberg verfügte in Stahnsdorf über einen – 1913 angelegten – Friedhof, den sie jedoch 1935 an Wilmersdorf abtrat: den Gütersfelder Friedhof.

Unmittelbar neben dem Wilmersdorfer Waldfriedhof lag der Süd-West-Friedhof der Evangelischen Kirche Berlins, der sogar bereits seit 1909 für Bestattungen genutzt wurde. Die Nachbarschaft zu diesem Friedhof war für den Bezirk Wilmersdorf insofern von Nutzen, als die Evangelische Stadtsynode 1913 eine S-Bahn-Verbindung nach Stahnsdorf finanziert hatte. So konnte man binnen einer halben Stunde von Halensee nach Stahnsdorf gelangen.

Außergewöhnlich wurde die Situation erst nach dem Ende des Zweiten Weltkrieges und der darauf folgenden Teilung Deutschlands. Plötzlich lagen mitten in der DDR zwei Friedhöfe, die einem West-Berliner Stadtbezirk gehörten. Die Behörden der DDR waren darüber nicht erfreut, sie tasteten die Eigentumsverhältnisse jedoch nicht an. Allerdings stellte sie den Wilmersdorfer Waldfriedhof 1952 unter Denkmalschutz (»wegen seiner geschichtlichen, künstlerischen beziehungsweise wissenschaftlichen Bedeutung für die sozialistische Gesellschaft«, hieß es in dem Vordruck).

Der Bezirk Wilmersdorf unterhielt also zwei Friedhöfe in der DDR.

Die Beschäftigten auf dem Friedhof, immerhin 27 Arbeiter und zwei Angestellte, waren DDR-Bürger, ihr Arbeitgeber jedoch der West-Berliner Bezirk.

Nun hätte man auch mit dieser Situation befriedigend zurechtkommen können, wenn das deutsch-deutsche Gegeneinander sie nicht noch weiter kompliziert hätte. Nach dem Mauerbau 1961 ließ die DDR Bestattungen von West-

Berlinern nämlich nur noch zu, wenn diese die Grabstätte vor 1961 erworben hatten oder über ein Familiengrab verfügten. Die mangelnden Zugangsmöglichkeiten von West-Berlinern nach Stahnsdorf, die erst im Rahmen des Viermächteabkommens von 1972 einigermaßen befriedigend geregelt wurden, ließen die Attraktivität des Friedhofs zusätzlich sinken. »Im Zeitraum 1970 bis 1975 wurden in Stahnsdorf eine Erdbestattung und neun Urnenbestattungen, in Gütersfelde überhaupt keine Bestattung von Nutzungsberechtigten in Berlin (West) vorgenommen«, heißt es in trockenem Amtsdeutsch in einem internen Vermerk des Bezirks Wilmersdorf aus dem Jahr 1977.

Der Bezirk Wilmersdorf fand die Situation unter finanziellen Gesichtspunkten sehr unbefriedigend, schließlich wurden hier knapp 30 Personen auf einem Friedhof beschäftigt, der ihm faktisch nicht zur Verfügung stand. Zwar wurde der Waldfriedhof gelegentlich für Beerdigungen von Menschen aus der Umgebung in Anspruch genommen, aber es war ja nicht die Intention Wilmersdorfs gewesen, den Stahnsdorfern einen zusätzlichen Friedhof zu bescheren. (Da es für DDR-Bürger nicht selbstverständlich war, auf dem Waldfriedhof beerdigt zu werden, bedurfte es in der Regel der Fürsprache eines »Insiders«. So ist es nicht verwunderlich, daß auf dem Friedhof so mancher Verwandte der Beschäftigten liegt.) Auch die Einnahmen konnten den West-Berliner Bezirk nicht froh stimmen. Nicht nur, daß sie extrem niedrig waren, sie wurden natürlich in Mark der DDR entrichtet und einem Sonderkonto gutgeschrieben. Der Bezirk kaufte dafür Sachmittel wie Saatgut oder Werkzeug, wenn es das gerade gab. Aus übergeordnetem politischen Interesse, nämlich um eine der Bindungen zwischen West-Berlin und der DDR zu halten, strebte Wilmersdorf dennoch keine Änderung der Situation an.

So blieb in Stahnsdorf für viele Jahre alles beim alten. Der Bezirk Wilmersdorf war Arbeitgeber von knapp 30 Personen in der DDR, die einen Friedhof verwalteten und pflegten, der nur zu einem kleinen Teil belegt war und in der Gegenwart praktisch nicht weiter genutzt werden konnte.

Für die DDR-Regierung war diese Situation lukrativ. Sie verlangte nämlich, daß der Lohn der Beschäftigten auf ein DDR-Konto überwiesen wurde, auf dem die D-Mark sich im Verhältnis 1:1 in DDR-Mark verwandelte. Nur unter dieser Voraussetzung hielt der Rat der Gemeinde Stahnsdorf es 1952 »für möglich, daß der Waldfriedhof weiterhin seiner Bestimmung dienen und eine Schließung desselben abgewendet werden kann«. Klaus Hoffmann, der ehemalige Friedhofsleiter, erzählt, daß regelmäßig im August die Behörden des Kreises bei ihm anriefen und ihn fragten, mit wieviel Deviseneinnahmen im nächsten Jahr zu rechnen sei.

Trotz dieses Umtauschs waren die Beschäftigten jedoch durch die Gehaltshöhe privilegiert, denn gezahlt wurde nach den jeweils gültigen Westtarifen. Die Friedhofsarbeiter verdienten in der DDR mehr Geld als ein Lehrer, ein Arzt oder ein Betriebsleiter. Aber nicht nur deswegen waren die Arbeitsplätze auf dem toten Friedhof begehrt. Neben der Bezahlung gab es nämlich einen anderen großen Pluspunkt für ein Beschäftigungsverhältnis auf dem Waldfriedhof. Dort genossen die Arbeiter die Friedhofsruhe im doppelten Sinne: Es war nicht nur still auf dem großen Areal, auch die DDR ließ sie dort in Ruhe. Es gab keine Betriebsgewerkschaftsleitung, keinen sozialistischen Wettbewerb, und die anderen Rituale, mit denen die DDR versuchte, ihre Arbeiter loyal zu halten, fehlten ebenfalls. Auch für Karl-Heinz Schade, der heute für den Gütersfelder Friedhof zuständig ist, war dies wichtiger als die Gehaltshöhe. Freilich wurden die Beschäftigten von den Behörden als unsichere Kantonisten eingeschätzt, schließlich hatten sie (durch die Besucher des Friedhofs und die Verbindung zum Wilmersdorfer Bezirksamt) völlig unkontrollierbaren Westkontakt. Auch die Tatsache, daß ein Teil des Friedhofsgeländes, der landwirtschaftlich genutzt wurde (und wird), im Grenzgebiet lag und deshalb alle Beschäftigten einen Grenzausweis, also eine Sondererlaubnis zum Betreten dieses Teils des Friedhofs, haben mußten, verstärkte die Zurückhaltung der Staatsautorität gegenüber den Wilmersdorfer Mitarbeitern. Familie Schade mußte sich entscheiden. Entweder Herr Schade war auf dem Wilmersdorfer Waldfriedhof tätig, oder Frau Schade konnte ihren Job in der Forschung nur behalten, wenn sie sich von ihrem Mann scheiden ließ. Die Schades blieben zusammen, und sie quittierte ihre Tätigkeit.

Probleme, freiwerdende Stellen zu besetzen, hatte der Bezirk Wilmersdorf daher nicht. Erwin Mahlow, der heute den Friedhof leitet, wurde im Frühjahr 1989 eingestellt. Vier Jahre vorher hatte er sich bereits beworben. Als eine Stelle auf dem Waldfriedhof frei wurde, gab der gelernte Elektroniker, der schon immer Gärtner werden wollte und dies mittlerweile auch ist, seinen Job in einem Volkseigenen Betrieb auf.

Das West-Berliner Bezirksamt mußte sich auf seine ostdeutschen Bediensteten verlassen. Eine geordnete Personalführung oder auch nur -auswahl war nicht möglich. Gelegentlich fuhr ein Angestellter des Wilmersdorfer Friedhofsamtes nach Stahnsdorf, um mit den Beschäftigten zu sprechen. Einmal im Jahr kam der Bezirksbürgermeister selbst und lud die Mitarbeiter zum Essen ein. Der mittlerweile verstorbene Horst Dohm, von 1981 bis 1996 Bezirksbürgermeister, erinnerte sich, daß er bei seinen

Besuchen von den Staatsorganen stets fürsorglich »betreut« worden war. Die DDR hatte große Angst, Dohm könnte auf DDR-Territorium »Hoheitsakte« vollziehen.

Durch den Fall der Mauer hat sich die Lage zumindest rechtlich normalisiert. Der Wilmersdorfer Waldfriedhof und sein Gütersfelder Pendant stehen für Bestattungen wieder zur Verfügung. Belegt ist der Friedhof derzeit allerdings nur zu zehn Prozent. Am Eingang des Friedhofs steht ein Schild, wie man es sonst aus Parkanlagen kennt. Es verbietet radfahren, Ball spielen und Hundeauslauf. Gelegentlich peitschen sogar Schüsse über den Friedhof. Der mit der Jagd beauftragte Förster versucht dann, des Rehbestandes auf dem Friedhof Herr zu werden, damit die Grünanlagen überhaupt eine Überlebenschance haben.

Die besondere Situation des Friedhofs als Verbindung nicht nur zwischen Leben und Tod, sondern zwischen zwei politischen Welten besteht nicht mehr. Dem Friedhof geht es jedoch dadurch nicht besser, sondern schlechter. 1998 gab es noch acht Beschäftigte, die auf dem Wilmersdorfer und dem Gütersfelder Waldfriedhof tätig waren. Den gesamten Friedhof in Ordnung zu halten schaffen sie nicht. Ihre Arbeitskraft reicht gerade, um die Ehrengräber des Malers Hans Baluschek, des Rechtsanwaltes Paul Levi und des Gestalters des Friedhofs, Erwin Barth, sowie die Gräber, für die es Pflegeverträge gibt, zu betreuen und die Teile des Friedhofs instand zu halten, die stärker belegt sind.

Gelegentlich wird der Wilmersdorfer Waldfriedhof nun wieder für Bestattungen genutzt. Als man 1997 bei den Arbeiten zum Bau des Regierungsviertels im Bezirk Tiergarten auf die sterblichen Überreste von rund 500 Menschen stieß, die Ende des letzten Jahrhunderts Opfer einer Pockenepidemie geworden waren, konnte der Bezirk Wilmersdorf seinen Waldfriedhof als letzte Ruhestätte anbieten. Die endgültige Bestattung der Seuchenopfer wurde zur größten Beerdigung, die der Waldfriedhof seit langem gesehen hatte.

Alt-Bürgermeister Dohm hoffte, daß der Friedhof wieder stärker angenommen wird. Die bequeme Anreise mit der S-Bahn ist heute allerdings nicht mehr möglich. Die DDR hatte die Linie nicht nur stillgelegt, sondern auch demontiert. Jede Verbindung in den Westen sollte für immer gekappt werden. Selbst das Bahnhofsgebäude wurde abgerissen. Lediglich das alte Bahnhofsrestaurant ist dem Bagger entgangen. Es ist heute die Gaststätte »Waldidyll« – immer noch ein passender Name.

eds

20 Tage im 20. Jahrhundert

Herausgegeben von
Norbert Frei, Klaus-Dietmar Henke und Hans Woller

Norbert Frei
Paris, 13. Mai 1968
Kulturprotest und Gesellschaftsreform
dtv 30612
(i.Vb.)

Brigitte Röthlein
Mare Tranquillitatis, 20. Juli 1969
Die wissenschaftlich-technische Revolution
dtv 30613

Wilfried Loth
Helsinki, 1. August 1975
Entspannung und Abrüstung
dtv 30614

Harold James
Rambouillet, 15. November 1975
Die Globalisierung der Wirtschaft
Aus dem Englischen von Hermann Graml
dtv 30615

Mária Huber
Moskau, 10. März 1985
Die Auflösung des sowjetischen Imperiums
dtv 30616
(i. Vb.)

Franz J. Brüggemeier
Tschernobyl, 26. April 1986
Die ökologische Herausforderung
dtv 30617

Klaus-Dietmar Henke, Kurt Sontheimer
Berlin, 9. November 1989
Die deutsche Frage
dtv 30618 (i. Vb.)

Walther L. Bernecker
Port Harcourt, 10. November 1995
Aufbruch und Elend in der Dritten Welt
dtv 30619

Lutz Niethammer
Boston, 26. Dezember 2000
Schöne neue Welt: Erwartung und Erfahrung
dtv 30620 (i. Vb.)

20 Tage im 20. Jahrhundert

Herausgegeben von
Norbert Frei, Klaus-Dietmar Henke und Hans Woller

Diese Buchreihe ist die Grundlage der gleichnamigen Fernsehdokumentation der ARD.

Volker R. Berghahn
Sarajewo, 28. Juni 1914
Der Untergang des alten Europa
dtv 30601

Dietrich Beyrau
Petersburg, 25. Oktober 1917
Die russische Revolution und der Aufstieg des Kommunismus
dtv 30602
(i.Vb.)

Hans Woller
Rom, 28. Oktober 1922
Die faschistische Herausforderung
dtv 30603

Jürgen Osterhammel
Shanghai, 30. Mai 1925
Die chinesische Revolution
dtv 30604

Hans Mommsen
Auschwitz, 17. Juli 1942
Genozid und Ausrottungspolitik
dtv 30605 (i. Vb.)

Jost Dülffer
Jalta, 4. Februar 1945
Der Zweite Weltkrieg und die Entstehung der bipolaren Welt
dtv 30606

Detlef Bald
Hiroshima, 6. August 1945
Die nukleare Bedrohung
dtv 30607

Dietmar Rothermund
Delhi, 15. August 1947
Das Ende der kolonialen Herrschaft
dtv 30608

Franz Knipping
Rom, 25. März 1957
Die Einigung Europas
dtv 30609

Robert D. Johnson
Washington, 20. Januar 1961
Der amerikanische Traum
dtv 30610

Helmut Mejcher
Sinai, 5. Juni 1967
Krisenherd Naher und Mittlerer Osten
dtv 30611